Herbert Frosch
Im Netz der Beziehungen
Soziale Kompetenz zwischen Kooperation und Konfrontation

Ausführliche Informationen zu weiteren Büchern aus dem Bereich
Kommunikation sowie zu jedem unserer lieferbaren
und geplanten Bücher finden Sie im Internet unter
www.junfermann.de – mit ausführlichem Infotainment-Angebot
zum JUNFERMANN-Programm ... mit
Newsletter und Original-Seiten-Blick ...

Besuchen Sie auch unsere
e-Publishing-Plattform **www.active-books.de**
– mittlerweile weit über 150 Titel im Angebot,
mit zahlreichen kostenlosen e-Books zum Kennenlernen
dieser innovativen Publikationsmöglichkeit.
Übrigens: Unsere e-Books können Sie leicht
auf Ihre Festplatte herunterladen!

Herbert Frosch

Im Netz der Beziehungen

Soziale Kompetenz zwischen Kooperation und Konfrontation

Junfermann Verlag · Paderborn
2002

Satz: JUNFERMANN Druck & Service, Paderborn

Die Deutsche Bibliothek – CIP-Einheitsaufnahme
Frosch, Herbert: Im Netz der Beziehungen: Soziale Kompetenz zwischen Kooperation und Konfrontation / Herbert Frosch. Paderborn: Junfermann, 2002
    ISBN 3-87387-514-4

ISBN 3-87387-514-4

Für meine Familie und meine Freunde

Graphische Inhaltsübersicht

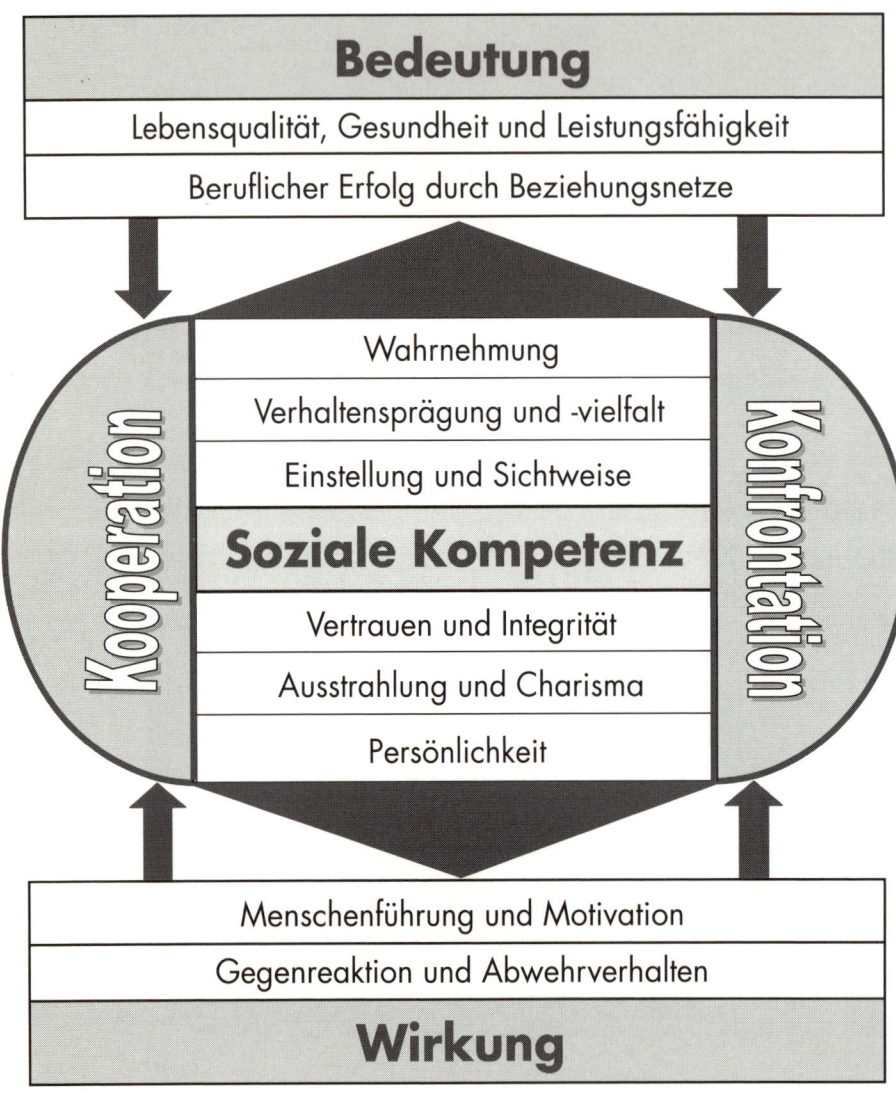

Bedeutung

Lebensqualität, Gesundheit und Leistungsfähigkeit

Beruflicher Erfolg durch Beziehungsnetze

Kooperation

Konfrontation

Wahrnehmung

Verhaltensprägung und -vielfalt

Einstellung und Sichtweise

Soziale Kompetenz

Vertrauen und Integrität

Ausstrahlung und Charisma

Persönlichkeit

Menschenführung und Motivation

Gegenreaktion und Abwehrverhalten

Wirkung

Inhalt

Vorwort

Die Entstehungsgeschichte dieses Buches ist eigenartig. Bis jetzt dachte ich immer: Ein Autor setzt sich mit klar umrissenen Gedanken hin und beginnt sein Werk zu schreiben. Er feilt daran und verbessert es so lange, bis er schließlich mit der letzten Fassung zufrieden ist und es zum Druck freigibt. Vielleicht ist das ja auch bei manchen Büchern so. Hier war dies nicht der Fall.

Die Entstehung dieses Buches zog sich über mehrere Jahre hin. Es wurde abends nach der Arbeit oder an verregneten Wochenenden geschrieben und war ursprünglich nicht einmal als Buch gedacht, sondern als Seminarunterlage zum Thema „Training sozialer Kompetenzen". Ein Skript für die Teilnehmer eines Seminars hatte es werden sollen, damit diese das vermittelte Wissen besser behalten und auch später noch nachvollziehen können. Als solches ist es mehr oder weniger kontinuierlich gewachsen. Es wurde mehrfach verändert und umgeschrieben, und aus der ersten Fassung ließe sich heute nicht mehr erkennen, daß sie die Grundlage des vorliegenden Buches bildet.

Erst später haben mich das Interesse und die Begeisterung der Seminarteilnehmer darin bestärkt, ein Buch daraus zu machen. Allerdings umfaßt die Endfassung dieses Buches nicht nur die Inhalte der Seminare, sondern geht weit darüber hinaus.

Besonders beeinflußt haben mich die Seminare an der Universität Bayreuth. Dabei habe ich zusammen mit meinem Kollegen Dr. Rainer Funk viele interessante, sehr lustige und vor allem lehrreiche Situationen durchlebt. Die daraus gewonnenen Erfahrungen und Erkenntnisse sind hier ebenfalls eingeflossen.

Mit dem vorliegenden Buch verfolge ich jedoch nicht das Ziel, ein Lehrbuch mit wissenschaftlichen Modellen zu schreiben, als vielmehr Denkansätze weiterzugeben. *Nicht Gedachtes soll vermittelt werden, sondern die Anregung, selbst nachzudenken!*

Es soll ein einfaches, verständliches und leicht zu lesendes Buch sein – ein Leitfaden für den Leser zur besseren Orientierung in bestimmten Lebenssituationen, aber keinesfalls eine Ansammlung von Musterlösungen oder Verhaltensempfehlungen. Es geht um die Brille, durch die wir die Welt sehen, weil sich daraus unser Verhalten ergibt.

Auch habe ich nicht den Anspruch, wissenschaftlichen Maßstäben gerecht zu werden. Es geht mir mehr um Erfahrung und Wissen als um Wissenschaft. Ich hoffe, daß es mir gelingt, den Leser mit manchen „unwissenschaftlichen" Aussagen und Fragen zu provozieren und zum Nachdenken zu bringen. Wissenschaftliche Bücher behandeln meist sehr speziell und sehr tiefgehend eng abgegrenzte Themenbereiche. Es ist mühselig und zeitaufwendig, sich durch den Begriffsdschungel dieser Bücher hindurchzuquälen, bevor man deren Aussagen überhaupt erfassen kann. Sie beschäftigen sich so eingehend mit detaillierten Zusammenhängen verschiedener Prozesse, daß man als Leser leicht den Überblick verliert. Gleichzeitig schwindet auch die Lust weiterzulesen.

Das vorliegende Buch soll eine Verbindung zwischen einer gewissen Verständlichkeit einerseits und der Komplexität der Sache andererseits herstellen. Weil dieses Thema aber so komplex ist, möchte ich den Leser auch warnen! *Je mehr man über das Thema weiß, desto mehr weiß man, wieviel man eben nicht weiß.*

Einleitung

„Gott hat uns nicht erschaffen, damit wir gerade mal existieren – wir sind hier, um zu leben!"
– *George Bernhard Shaw*

D ie Welt, in der wir leben, ist nicht nur dadurch geprägt, daß alles in irgendeiner Art und Weise zusammenhängt, sondern vor allem dadurch, daß jeder einzelne Mensch von anderen Menschen abhängig ist. Schon von Geburt an sind wir auf den Arzt oder die Hebamme angewiesen, die uns hoffentlich unbeschadet ans Licht der Welt befördern. Da sind unsere Eltern, deren liebevoll-fürsorgende Zuwendung wir unbedingt brauchen, ohne die wir lange Zeit gar nicht überleben könnten und die uns über Jahre hinweg sagen, wo es lang geht. Die aber selbst ebenso von uns abhängig sind, um ihre natürliche Rolle als Eltern überhaupt einnehmen zu können, wobei materielle Werte in diesem Fall meist weniger eine Rolle spielen als emotionale.

Das Leben eines Menschen ist unausweichlich durch die Abhängigkeit von anderen Menschen geprägt. Im Lauf eines Lebens übertragen sich diese gegenseitigen Abhängigkeiten z.B. auf Kindermädchen, Erziehungsberechtigte, Geschwister, Lehrer, Professoren, Vorgesetzte, Mitarbeiter, Kollegen, Ehepartner, Freunde, die eigenen Kinder und viele mehr.

Als Angestellter ist man von seinem Chef abhängig, als Chef von seinen Angestellten, als Selbständiger von seinen Kunden und als Kunde von seinen Lieferanten. Um sich in dieses soziale System zu integrieren, muß man sich gewissen Regeln und Normen anpassen, ob es einem gefällt oder nicht. Und oft gefällt es einem nicht, denn es ist häufig so, daß jeder Mensch den natürlichen Drang zu Selbstentfaltung verspürt. Die Gemeinschaft fordert Anpassung, und der Einzelne strebt nach Individualität. Hierin liegt der Hauptgrund für Konflikte, Streitigkeiten und Spannungen mit anderen Menschen. Je nachdem was für uns in der jeweiligen Situation wichtig ist, kooperieren wir mit anderen oder gehen auf Konfrontationskurs.

Im Berufsleben haben es die meisten mit einem unmittelbaren Vorgesetzten zu tun, mit dem sie sich praktisch täglich auseinandersetzen müssen. Darüber hinaus gibt es oft noch einen „Oberboß", der „seine Mannschaft" nicht vergessen läßt, welcher Sache man sich verpflichtet zu fühlen hat und wem man dient. Die Lebensqualität vieler Mitarbeiter hängt einerseits oft unmittelbar von der Persönlichkeitsstruktur solcher Personen ab. Andererseits geht es den Chefs selbst aber ganz ähnlich. Auch ihre Lebensqualität hängt von ihren Mitarbeitern ab. Motivierte und gleichzeitig hoch qualifizierte Mitarbeiter, mit denen sie gut klarkommen, machen ihnen das Leben sehr viel leichter als unmotivierte oder unqualifizierte Mitarbeiter. Beide Seiten werden deshalb versuchen, so geschickt wie möglich mit dieser gegenseitigen Abhängigkeit umzugehen.

Aus den Wechselfällen von Sympathie oder Antipathie entstehen in einem Unternehmen unausweichlich Spannungen – ein normaler Zustand, da man nicht davon ausgehen kann, daß jeder mit jedem zu jeder Zeit reibungslos zurechtkommt. Ein Mindestmaß an Spannungen in einem Unternehmen ist immer vorhanden, unabhängig davon, ob dieses Konfliktpotential im Hintergrund verborgen bleibt, weil es stumm ertragen wird, oder ob es für jeden offensichtlich ist, weil offen miteinander gestritten wird. Es wird immer Menschen geben, die mit anderen gut auskommen, und andere, die mit anderen schlecht zurechtkommen. *Wo Menschen miteinander arbeiten, „menschelt" es.*

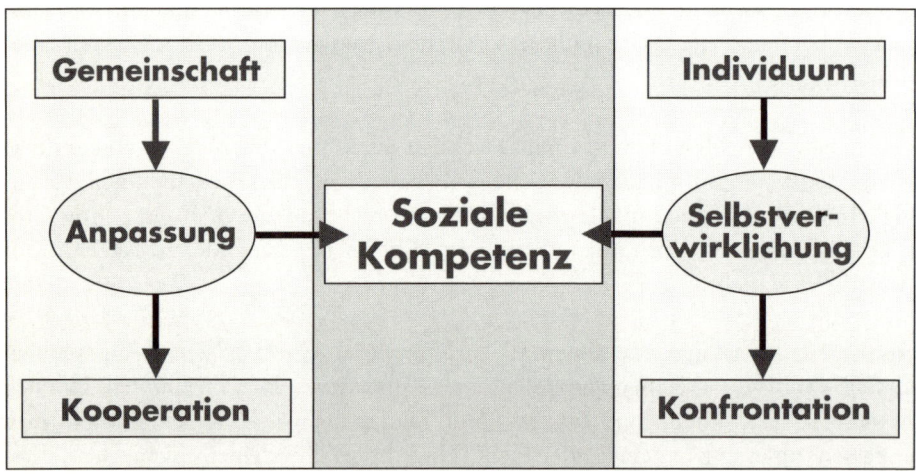

Abb. 1: Soziale Kompetenz als Bindeglied zwischen Selbstverwirklichung und Anpassung

Egal, wo man hinsieht: Es existiert kein Bereich, in dem es ganz ohne gegenseitige Abhängigkeiten und den damit verbundenen Konflikten geht. Deshalb hängt die Lebensqualität jedes einzelnen in starkem Maße davon ab, wie er mit anderen umgeht und wie seine Beziehungen zu anderen beschaffen sind.

Die Bedeutung von Beziehungen spüren wir intuitiv, was in uns den Wunsch erweckt, mit anderen gute Kontakte zu pflegen. Nicht umsonst gibt es in allen Kulturen dieser Erde unendlich viele Traditionen, Rituale und Gebräuche, die genau daraufhin ausgelegt sind. Man denke nur an die unglaubliche Menge an Feiern, die zum Zweck gesellschaftlichen Beisammenseins stattfinden: Geburtstage, Jubiläen, Oster-, Pfingst- und Weihnachtsfeiern, Betriebsausflüge, Konfirmationen, Hochzeiten, Vereinsfeiern, Volksfeste, Kirchweihen, Wiesenfeste, Frühlings-, Sommer-, Herbst- und Winterfeste, Wein-, Starkbier-, Oktoberfeste. Bei keinem dieser Feste macht es Sinn, sie alleine zu feiern, der Sinn entsteht durch die Gemeinschaft.

Darüber hinaus ist es uns unangenehm und macht uns verlegen, mit anderen in einem Raum zu sein, ohne miteinander zu reden. Jugendliche fragen sich ständig: „Was soll ich nur zu ihm (oder zu ihr) sagen?" Auch bei Älteren gibt es dieses unbehagliche Gefühl des Miteinander-reden-Wollens, ohne einen Anknüpfungspunkt zu finden. So kommt es dann häufiger, als man denken sollte, zu dem berüchtigten Gespräch über das Wetter. In fast allen Kulturen sind die anfänglichen Probleme der Gesprächsstrukturierung durch gewisse Rituale geregelt. Neben dem kurzen amerikanischen „Hi" und „How are you?", dem „korrekten" Händeschütteln oder der französischen Form der Küßchenbegrüßung gibt es auch länger dauernde orientalische Begrüßungszeremoniale. Dies hilft dabei, einen Gesprächsstart zu finden und die Zeit des Zusammenseins zu strukturieren und möglichst angenehm zu gestalten. Vergleichbares gilt für das Verabschieden und die vielen kleinen Gesten zwischendurch. Solche Zusammenhänge zu erkennen und bewußt damit umzugehen ist die Voraussetzung, um auch ein notwendiges Miteinander zu einem angenehmen Miteinander werden zu lassen. Stellen Sie sich vor, in welcher Stimmung Sie nach Hause gehen würden, hätten Sie sich mit jemandem verabredet und während der gesamten Zeit wäre kein einziges Wort gefallen. Viele Menschen sagen darum lieber irgend etwas als gar nichts.

Die Qualität unserer Beziehungen beeinflußt aber nicht nur unsere Gemütslage und unsere Stimmungen, sondern auch unsere Leistungsfähigkeit, unsere Gesundheit, unseren beruflichen Erfolg und auch unser privates Glück. Unsere Beziehungen zu anderen entscheiden darüber, ob, wann und von wem wir bestimmte Informationen bekommen oder eben nicht, wie andere uns behandeln und zu welchen Partys wir eingeladen werden. Unsere Beziehungen entscheiden darüber, wie stark das Netz ist, in das wir eingebunden sind, und welche Rolle wir darin spielen.

Unser Geschick, uns innerhalb dieses Beziehungsnetzes zu bewegen, Fäden zu knüpfen, zu verstärken usw., ist unsere soziale Kompetenz, unsere Fähigkeit, möglichst geschickt mit anderen umzugehen. Voraussetzung dafür ist, daß man richtig einzuschätzen versteht, in welcher Situation bzw. Position man sich selbst befindet, welche Emotionen, Ansichten und Erwartungen man selbst hat und welche die anderen haben, welche Handlungsalternativen bestehen und auf welches Verhalten welche Reaktionen folgen werden.

Manchmal kann eine entsprechende Prognose sehr leicht sein. So ist es nicht schwer zu verstehen, daß überzogene und ungerechtfertigte Kritik Unverständnis oder Ablehnung des Kritisierten zur Folge hat. Dieses Abschätzen von Reaktionen kann aber auch sehr schwer sein, wenn der Situation sehr komplexe und undurchschaubare Bedingungen zugrunde liegen, wie es oft bei zwischenmenschlichen Konflikten der Fall ist.

Aber warum ist es so wichtig, sozial kompetent zu sein? Kann man nicht einfach das Leben so leben, wie es kommt? Natürlich kann man das, aber dann darf man auch keine Ansprüche haben! Wir alle wollen jedoch Gewinner sein, wollen erfolgreich sein, uns selbst entfalten und so leben, wie wir uns das vorstellen. Im Streben um diese Selbstverwirklichung neigen leider viele dazu, egoistisch und selbstbezogen zu agieren – nach dem Motto: „Die Kunst, ein Egoist zu sein!" Allerdings haben viele Menschen diese Art von Egoismus und Ellenbogenmentalität inzwischen mehr als satt und reagieren sehr ungehalten auf solches Verhalten. Außerdem haben sich in den letzten Jahren die Regeln für Erfolg grundlegend geändert. Einsame Kämpfer und rücksichtslose Egoisten sind einem anderen Typ gewichen, dem Team-Player.

Unsere Welt hat sich grundlegend verändert. Aufgrund der zunehmenden Vernetzung und Globalisierung fließen Waren, Dienstleistungen, Finanzströme und Informationen immer schneller. Vieles wird turbulenter, komplexer und unberechenbarer. Es gibt immer mehr Techniken, Verfahrensweisen und Berufszweige, was ein erhöhtes Maß an Spezialisierung und Arbeitsteilung zur Folge hat. Wir wissen immer weniger, worauf wir uns einlassen, und sind immer mehr darauf angewiesen, mit anderen zu kommunizieren. Wir müssen ständig fragen und eigenes Wissen durch Vertrauen zu anderen ersetzen. Viele Problemstellungen sind nicht mehr von einzelnen Personen alleine zu bewältigen, sondern nur in Gruppen von Spezialisten oder eigens dafür gebildeten Projektteams. In einem solchen Umfeld ist es nicht verwunderlich, daß soziale Kompetenz zur Schlüsselqualifikation wird. *Wenn die Möglichkeiten, alleine erfolgreich zu sein, abnehmen, wird die Fähigkeit, mit anderen zusammenzuarbeiten, zur Erfolgsgrundlage.*

Aber nicht nur im beruflichen, auch im privaten Umfeld spielt soziale Kompetenz eine entscheidende Rolle. Aufgrund der zunehmenden Dynamik und Unsicherheit wird es auch schwerer, im Privatleben Stabilität zu finden. Die Zahl der Ehescheidungen nimmt von Jahr zu Jahr zu, und Partnerschaften werden zu „Lebensabschnitts-Beziehungen". Wir leben zwar zunehmend luxuriöser, werden aber sozial obdachlos. Wir haben oder nehmen uns nicht die Zeit, die notwendig wäre, tiefe, auf gegenseitigem Vertrauen basierende Beziehungen entstehen zu lassen. Alle sind schrecklich nett zueinander, aber nur wenige pflegen tiefgehende Freundschaften. Wer sehnt sich nicht nach einem guten Freund, mit dem man auch private Probleme besprechen kann und der einem geradeheraus seine Meinung sagt? Menschliche Wärme, Vertrauen und Nähe sind den meisten Menschen sehr wichtig. In unserer technischen, rationalen Welt wird das Bedürfnis nach „weichen" Faktoren zunehmend stärker.

Tagtäglich sind wir gefordert, uns in unzähligen Situationen sozial kompetent zu verhalten. Der Grad unserer sozialen Kompetenz bestimmt, wie dicht die Maschen unseres sozialen Netzes sind und wie gut die Knoten und Verknüpfungen halten, wenn es belastet wird. Sie bestimmt wie kaum ein anderer Faktor den Verlauf unseres Lebens, sowohl beruflich als auch privat. Leider ist uns dies meist nicht bewußt – es geht in der Hektik des Alltags unter. *Solche Zusammenhänge sollen dem Leser hier bewußtgemacht werden.*

Der Begriff „Soziale Kompetenz" wird häufig verwendet – nicht nur, wenn es um Bewerbung, Mitarbeiterbeurteilung oder Führungsverantwortung geht, sondern auch in vielen anderen beruflichen, politischen oder privaten Bereichen. Er steht als Synonym für eine Mischung aus Lebensgewandtheit, Situationsgefühl und Erfahrung. Grundlage sozialer Kompetenz ist vor allem Vertrauen. Häufig fallen in diesem Zusammenhang auch negative Begriffe wie Manipulation, Machtstreben oder Profilierungsgehabe. Für manche geht es dabei nur um Imagepflege, Außenwirkung und griffige Patentrezepte zur Einflußnahme, Machtausübung und Kontrolle. Fälschlicherweise wird soziale Kompetenz auch als Allheilmittel für schnelle und oberflächliche Lösungen gesehen, sozusagen als Heftpflaster für akute soziale Probleme. Soziale Kompetenz wird dabei zum „sozialen Schmiermittel" degradiert.

Viele trauen sich gar nicht, den Begriff zu verwenden, da sie unsicher sind, wie es um ihre eigene soziale Kompetenz bestellt ist. Sie geben sich der Illusion hin, es wäre möglich, immer mit allen gut auszukommen, wenn man nur sozial kompetent genug wäre. Dabei ist es manchmal geradezu nötig, Konfrontation zu suchen, um Probleme wirklich zu lösen und nicht nur zu verdrängen oder aufzuschieben.

Sich sozial kompetent verhalten heißt, sich in seiner sozialen Umwelt zu bewähren und wohl zu fühlen. Es heißt *nicht*, andere zu manipulieren! Das Gegenteil ist der Fall. Wer manipuliert, stößt früher oder später auf Ablehnung. Berechnende Menschen wirken auf andere unangenehm. Man umgibt sich nicht gerne mit Menschen, in deren Anwesenheit man ständig auf der Hut sein muß und sich keine entspannte Atmosphäre ergibt.

Ebenso verhält es sich mit Menschen, von denen man das Gefühl hat, daß sie sich verstellen, also genaugenommen sich selbst manipulieren. Menschen, die krampfhaft bemüht sind, ein bestimmtes Bild von sich zu erzeugen, schaffen es vor allem, daß andere auf Distanz gehen. Natürlichkeit kommt nicht immer gut an, aber in aller Regel besser als gekünsteltes Getue. Menschen spüren intuitiv, ob sich jemand so verhält, wie er ist, oder ob er nur so tut als ob. Kurzfristige Täuschungen durch geschicktes Überspielen sind sicher möglich, langfristige nicht.

Wie auch immer wir uns verhalten, unsere Grundhaltung drücken wir über kaum zu kontrollierende und sehr subtile Wege anderen gegenüber aus, über Körpersprache, Stimmlage, Mimik und Gestik, wobei einer Vielzahl von unbewußten Faktoren eine entscheidende Rolle zukommt. Wer manipuliert, wird früher oder später durchschaut.

Die Einstellung: „Ich bin o.k., Du bist o.k.", wie sie Thomas Harris in seinem gleichnamigen Buch über Transaktionsanalyse beschreibt, ist sehr hilfreich. Sie zielt darauf ab, sich auf die Lösung des Problems zu konzentrieren und sich auf sachliche Gesichtspunkte zu beschränken. Wer andere als Person kritisiert oder manipuliert, der kann sicher sein, daß ihm früher oder später das gleiche Verhalten entgegengebracht wird. Kritik auf persönlicher Ebene erzeugt Aggression, Manipulation erzeugt Ablehnung! *Basis für sozial kompetentes Verhalten ist deshalb eine mentale Grundhaltung, die danach strebt, für alle Beteiligten die bestmögliche Lösung zu erzielen.*

Ziel und Zweck des vorliegenden Buches ist es, dem Leser soziale Zusammenhänge bewußtzumachen, ihm Hintergrundinformationen zu diesem Thema zu geben und ihn für sozial kompetentes Handeln zu sensibilisieren.

Was also genau ist soziale Kompetenz?

Der Begriff „Soziale Kompetenz" wird mit folgenden Begriffen in Zusammenhang gebracht: Einfühlungsvermögen, Verständnis, Kontaktfreudigkeit, Team-Fähigkeit, Vertrauen, Führungsverhalten, Persönlichkeitsstärke, Wahrnehmungssensitivität, Kommunikationsfähigkeit, Erkennen und Befriedigen von menschlichen Bedürfnissen, Überzeugungskraft, Verhandlungsgeschick, soziale Intelligenz, Geschick in zwischenmenschlichen Situationen, Konfliktfähigkeit.

Riemann und Allgöver (1993) bieten folgende Definition an: „Soziale Kompetenz wird Personen zugeschrieben, die in der Lage sind, so mit anderen Personen zu interagieren, daß dieses Verhalten ein Maximum an positiven und ein Minimum an negativen Konsequenzen für eine der an der Interaktion beteiligten Person mit sich bringt. Darüber hinaus muß das Interaktionsverhalten mindestens als sozialakzeptabel gelten."

Auf den Punkt gebracht kann man sagen, daß soziale Kompetenz situationsadäquates Verhalten ist. Ein gutes Miteinander kommt nur dann zustande, wenn man zum einen gut miteinander umgehen will und zum andern gut miteinander umgehen kann.

Ob man gut mit jemanden umgehen will, liegt an jedem selbst. Es ist auch abhängig von Sympathie, äußerem Erscheinungsbild, Auftreten des anderen, der jeweiligen Situation und vielem mehr. Darauf soll nicht näher eingegangen werden.

Ob man mit jemandem gut umgehen kann, steht auf einem anderen Blatt. Es ist zwar hilfreich für ein gutes Miteinander, wenn man mit einem anderen Menschen gut umgehen will, aber das bedeutet noch lange nicht, daß man das auch kann. Soziale Kompetenz ist die Fähigkeit, in seinem sozialen Umfeld für *alle* Beteiligten das Bestmögliche zu erreichen. In diesem Sinne ist beispielsweise ein Heiratsschwindler nicht sozial kompetent. Zwar hat er die Fähigkeit, mit anderen besonders geschickt umzugehen, kennt ihre Sehnsüchte, Wünsche, Gefühle, Motivationen und Vorlieben, aber er nutzt sie aus. Er jongliert mit der Psyche des anderen und versucht nicht, für alle Beteiligten das Bestmögliche zu erreichen, sondern nur für sich selbst. Somit ist er unsozial. Sozial kompetent zu handeln bedeutet, sich im Sinne der Gemeinschaft geschickt zu verhalten.

Dies setzt aber zunächst voraus, daß man mit sich selbst im reinen ist und mit den Widersprüchen des eigenen Lebens gut zurechtkommt. Wir alle durchlaufen Phasen, in denen wir nicht mit uns im reinen sind, in denen unser Leben nicht in der Balance ist; Phasen, in denen wir Fehler machen, andere taktlos kritisieren und verletzen, ohne es zu wollen, oder uns von anderen verletzen lassen, ohne angemessen zu reagieren. Ausgelöst von irgendwelchen Veränderungen, Umbrüchen oder auch nur durch den allgemeinen Wandel der Zeit befinden wir uns manchmal in Lebensabschnitten der Rat- und Orientierungslosigkeit. Auch wenn uns dies meist bewußt ist, sehen wir keinen geeigneten Ausweg. Wir hadern mit anstehenden Entscheidungen, sind gereizt, unvorsichtig, negativ eingestellt und unzufrieden. In jüngeren Jahren sind diese Phasen ausgeprägter und werden auch intensiver erlebt. Ältere Menschen sind geübter im Umgang mit dem Auf und Ab im Leben. Sie sind den eigenen Launen und Stimmungen gegenüber gelassener und gehen meist souveräner damit um.

In solchen Lebensabschnitten neigt man nicht nur dazu, sich selbst zu kritisieren, geringzuschätzen und abzuwerten, man macht dies auch mit anderen. Zwar spüren wir intuitiv in ruhigeren Momenten, daß dies falsch ist, wir können aber dennoch nicht aus uns heraus. Der einzige Ausweg ist, sich selbst weiterzuentwickeln, sich gewissermaßen aus diesen Problemen herauszuentwickeln und darüber hinauszuwachsen. Von Albert Einstein stammen die Worte: „*Wir können unsere Probleme nicht auf der gleichen Bewußtseinsstufe lösen, auf der wir sie kreiert haben.*"

Andererseits gibt es aber auch Phasen des Glücks und der Zufriedenheit. Da wir in der Regel dazu neigen, unsere innere Welt nach außen zu kehren, im Guten wie im Schlechten, treten wir unseren Mitmenschen dann mit diesen positiven Gefühlen entgegen. Wir übertragen diese Gefühle auf unser Gegenüber, sind toleranter, gut gelaunt und sehen alles sehr optimistisch.

Je nach unser eigenen Stimmungslage reagieren wir auf ein und denselben Menschen anders. Wissenschaftliche Experimente dazu weisen eindeutig nach, daß wir uns in ähnlichen Situationen ausgesprochen unterschiedlich verhalten (vgl. Scherer 1988). Durch diesen Wechsel unserer Gemütslagen und Stimmungen verbreiten wir aber Unsicherheit, und zwar um so mehr, je stärker und häufiger unsere Stimmungsschwankungen sind, so daß andere nie genau wissen, wie wir reagieren werden. *Wenn man seinen eigenen Launen erliegt, dann ist es schwierig, sich sozial kompetent zu verhalten.*

Wenn man mit sich selbst zu tun hat, kann man nicht erkennen, was andere bewegt. Leider wird uns dies meist nicht bewußt, da diese Phasen selten unmittelbar aufeinander folgen. Wir brauchen deshalb eine unabhängige Konstante in uns, die uns darauf aufmerksam macht, wenn wir zu weit vom Normpunkt entfernt liegen. Diese innere Konstante, die sich durch unsere Lebenserfahrung bildet, muß man sich im Laufe der Zeit mühsam erarbeiten. Nur der Vergleich zu früheren Erfahrungen macht es möglich, eine soziale Situation angemessen einschätzen zu können und geeignet zu reagieren. Tendenziell messen wir deshalb älteren Menschen mehr Reife und Lebenserfahrung zu als jüngeren. Was Junge noch vor sich haben, haben Ältere schon erlebt, so die Denkweise. Ältere wissen, wie das Leben spielen kann, und sind darauf vorbereitet.

Allerdings ist Reife nicht immer bzw. allein eine Frage des Alters. Wir alle kennen Menschen, die ihr gesamtes Leben an einem Ort verbracht haben. An diesem Ort sind sie geboren worden, aufgewachsen, zur Schule gegangen, haben ihren Beruf ausgeübt und sind in Rente gegangen. Heute verbringen sie ihren Lebensabend dort. Sie haben nie den Arbeitgeber gewechselt, haben ihren Urlaub immer am gleichen Ort verbracht, haben die erste Liebe ihres Lebens geheiratet und sind den Herausforderungen des Lebens nach Möglichkeit aus dem Weg gegangen.

Es muß nicht zwangsläufig so sein, aber es ist sehr wahrscheinlich, daß solche Menschen kein besonders hohes Maß an Lebenserfahrung gesammelt haben. Ihr Alter spielt dabei praktisch keine Rolle, weil sich ihr Denken und ihre Lebenserfahrung zwangsläufig auf die Grenzen ihrer Umgebung beschränken.

Andererseits kennen wir alle auch Menschen, die bereits als Kinder keiner Herausforderung aus dem Weg gegangen sind. Die als Jugendliche alles ausprobiert haben und verrückte Sachen gemacht haben, oder mit dem Rucksack losgezogen sind, um die Welt kennen zu lernen. Die fern der Heimat Heiterkeit und Freundschaft, aber auch Enttäuschung und Leid erfahren haben. Die Wagnisse auf sich genommen haben und Fehler machten, weil sie vielleicht dickköpfig waren oder nicht auf andere gehört haben. Die durch Versuch und Irrtum die Zusammenhänge des Lebens gelernt haben. Menschen, die sich nicht davor gescheut haben, Verantwortung zu übernehmen und damit auch gelernt haben, Verantwortung zu tragen. Die für die Konsequenzen ihrer

Entscheidungen einstehen und die wissen, wie eng Erfolg und Mißerfolg zusammenliegen können. Die gelernt haben, sich mit den verschiedensten Facetten des Lebens auseinanderzusetzen, und deren Denkweise durch Vielfalt und Toleranz geprägt ist.

Entscheidend für Reife, Lebenserfahrung und soziale Kompetenz ist nicht nur das Alter eines Menschen, sondern der Lebensweg.

Zusammenfassung:

→ Jeder Mensch ist von anderen Menschen abhängig.
→ Soziale Kompetenz ist das Bindeglied zwischen individueller Selbstentfaltung und gemeinschaftlicher Anpassung.
→ Unsere Beziehungsnetze bestimmen unsere Lebensqualität. Der Faden, aus dem diese Netze gewoben sind, ist unsere soziale Kompetenz – unsere Fähigkeit, auf soziale Weise geschickt mit anderen umzugehen.
→ Wer manipuliert, erzeugt Ablehnung.
→ Wer der Launenhaftigkeit unterliegt, hat es schwierig, sich sozial kompetent zu verhalten. Launen verbreiten Unsicherheit!
→ Das Geheimnis sozial kompetenter Menschen liegt darin, daß sie aufgrund von Einsicht und Erfahrung gelernt haben, sich entsprechend zu verhalten.
→ Probleme mit anderen Menschen sind es, die unsere soziale Kompetenz fordern und somit auch fördern. Problemen auszuweichen bedeutet, der eigenen Entwicklung auszuweichen.
→ Ziel des Buches ist es, die Entwicklung sozialer Kompetenz zu fördern.

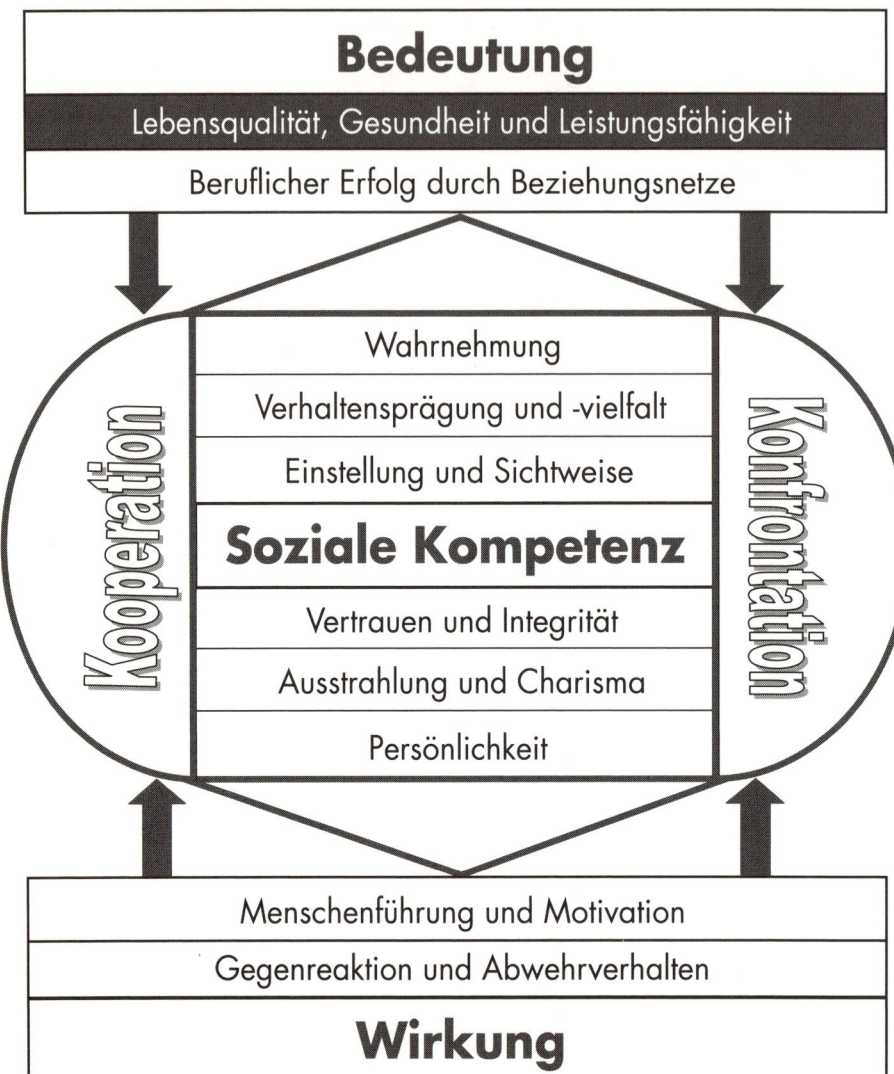

1. Bedeutung sozialer Kompetenz

1.1 Soziale Kontakte und ihr Einfluß auf unsere Lebensqualität, Gesundheit und Leistungsfähigkeit

> „Gesundheit ist nichts alles, aber ohne Gesundheit ist alles nichts."
> – Arthur Schopenhauer

Die Bedeutung sozialer Kompetenz ist vielschichtig und läßt sich nicht als monokausaler Ursache-Folge-Zusammenhang darstellen. Zunächst erscheint es offensichtlich, daß jemand mit guten sozialen Kontakten eine höhere Lebensqualität hat als jemand mit schlechten sozialen Beziehungen. Ehestreit, Ärger mit Kollegen, Mitarbeitern oder dem Chef, verbunden mit der Notwendigkeit, Emotionen herunterschlucken zu müssen, nagen an unserem Nervenkostüm. Konflikte mit Bekannten, Verwandten oder unserer Familie schlagen uns schnell auf den Magen.

Zwar bilden Konflikte und Meinungsverschiedenheiten die Grundlage für unsere Persönlichkeitsentwicklung, denn sie fordern und erschaffen unseren Verstand, aber im Übermaß machen sie uns krank. Die Volksweisheit „Ärger macht krank und häßlich" drückt diesen Zusammenhang auf sehr direkte Weise aus. Sie macht außerdem deutlich, daß sich unser Ärger auch in unserem Aussehen widerspiegelt, das entsprechend Signalwirkung nach außen bekommt. Kummerfalten, gebückter Gang, unansehnlicher Teint sind körperliche Spiegelungen einer schlechten seelischen Verfassung.

Bereits vor 2000 Jahren schrieb Hippokrates: „Krankheiten überfallen uns nicht aus heiterem Himmel, sondern sie entwickeln sich allmählich aus vielen kleinen gegen die Gesundheit begangenen Sünden. Und erst wenn letztere sich angehäuft haben, brechen die Krankheiten scheinbar plötzlich hervor." Der Wissenschaftszweig, der sich mit dem Zusammenhang zwischen unserem Nerven- und unserem Immunsystem beschäftigt, ist die Psychoneuroimmunologie.

Es gibt heute viele wissenschaftliche Erkenntnisse, die die Verbindungen zwischen unserem Sozialverhalten und unserer Gesundheit aufzeigen. Im folgenden möchte ich kurz auf einige davon eingehen.

Cohen und Herbert (1996) haben nachgewiesen, daß Heilungschancen verschiedener Krankheitsbilder mit dem Grad an sozialer Unterstützung und menschlicher Geborgenheit zunehmen. In bezug auf Erkältung, Grippe und Herpes konnten sie eindeutig nachweisen, daß mit negativen sozialen Gefühlen eine Beeinträchtigung des Immunsystems einhergeht. Es ist jedoch auch deutlich geworden, daß Überfürsorge für den Erkrankten ebenso schädlich ist wie mangelnde Zuwendung.

Glaser u.a. (1985) wiesen nach, daß einsame Studenten unter Prüfungsstreß vor dem Examen niedrigere Antikörperkonzentrationen hatten als ihre geselligeren Kommilitonen. Studenten, die alleine zu Hause lernten, keinen Anschluß an Lerngruppen hatten und auch nur wenig Interaktion mit anderen pflegten, hatten ein wesentlich höheres Krankheitsrisiko als Studenten, die regelmäßig mit anderen zusammentrafen und sich mit diesen austauschten. Daß soziale Isoliertheit krank macht und Einsamkeit zu einer Beeinträchtigung der Immunabwehr führt, ergab auch eine Untersuchung von Kiecolt-Glaser u.a. (1984).

Dies läßt darauf schließen, daß praktisch unsere gesamte körperliche und geistige Leistungsfähigkeit von diesem Faktor beeinflußt wird. Hochleistungssportler sind sich dieses Phänomens längst bewußt. Deshalb gehen sogar Individualsportler wie z.B. Triathleten in gemeinsame Trainingslager, um in der Gruppe mit anderen zu trainieren. Nicht umsonst mißt man der Stimmung in einer Mannschaft eine so große Bedeutung bei. Teamgeist, Zusammengehörigkeitsgefühl und die Stimmung untereinander spielen eine wesentliche Rolle bezüglich der Leistungsfähigkeit einer Mannschaft, nicht nur im Fußball.

Aber nicht nur unsere körperliche Gesundheit wird von unseren sozialen Beziehungen beeinflußt, auch unsere geistige und psychische Verfassung ist unmittelbar davon betroffen. Irwin u.a. (1987) untersuchten die Auswirkung des Verlusts nahestehender Personen wie Ehepartner, Familienangehöriger oder Freunde auf unsere physische und psychische Verfassung. Neben der Beeinträchtigung des Immunsystems durch eine geringere Konzentration weißer Blutkörperchen fanden sie auch eine hohe Korrelation mit psychischer Depression.

Wir alle wissen, wie belastend es sein kann, einen vertrauten Menschen zu verlieren. Langjährige Beziehungen, die sich lösen, beschäftigen unsere Gedanken manchmal über Jahre hinweg. Die Erinnerung an die gemeinsame Zeit quält und wirkt blockierend. Man macht sich Vorwürfe, überlegt, was man hätte besser machen können oder was man nicht hätte tun sollen. Vielleicht versuchen wir vergeblich, einen verlorenen

Partner zurückzugewinnen, und sind verzweifelt und verunsichert. Unser gesamtes Leben kann von Liebeskummer oder Partnerkonflikten überlagert werden. Gute soziale Beziehungen zu haben ist ein überlebensnotwendiger Bestandteil unserer Existenz.

Spitz (1945) konnte nachweisen, daß Kinder, die über längere Zeit keinerlei soziale Kontakte erfahren, zu chronischen Krankheiten neigen und eine bedeutend geringere Lebenserwartung haben.

Auch bei Erwachsenen ergeben sich aus einem Mangel an Kontakt mit anderen Menschen einschneidende Defizite. Gefängnisstudien über die Auswirkungen langandauernder Einzelhaft zeigen, daß eine Verkümmerung sowohl der sensorischen als auch der sozialen Reaktionen die Folge ist. Degenerative Veränderungen der Nervenbahnen mit persönlichkeitsverändernden Folgen sind sehr wahrscheinlich. Einzelhaft wird selbst von hartgesottenen Verbrechern gefürchtet. Sie ist auch heute noch in einigen Ländern eine häufig angewandte Methode, um Menschen politisch gefügig zu machen. Andererseits ist soziale Organisation die stärkste Waffe im Kampf gegen politische Launen der Herrschenden.

Wie stark die Auswirkungen sozialer Isolation nicht nur beim Menschen, sondern auch bei anderen Lebewesen sein können, zeigt eine Reihe von Tierversuchen. In Experimenten mit Ratten wurde nachgewiesen, daß es einen biologischen Vorteil mit sich bringt, wenn Lebewesen intensive Beziehungen zu ihrer Umwelt haben. Untersucht wurde der Einfluß auf die physische, geistige und emotionale Entwicklung sowie biologische Vorgänge im Gehirn und die Widerstandsfähigkeit. Ein überraschendes Ergebnis dieser Experimente ist, daß selbst negative Umwelteinwirkungen in Form von leichten Elektroschocks immer noch positiver sind als das völlige Fehlen jeglicher Kontakte zur Umwelt.

Überträgt man dies auf den Menschen, so läßt sich nachvollziehen, warum Jugendliche als Punks verkleidet durch die Straßen ziehen. Sie ziehen es vor, Reaktionen der Abscheu, Empörung oder Mißachtung zu provozieren, als gar nicht wahrgenommen zu werden. Viele Ehepaare streiten lieber miteinander, als sich der langweiligen Gleichförmigkeit einer alltäglichen Harmonie hinzugeben. Menschen wollen wahrgenommen werden und wollen, daß andere Menschen auf sie reagieren. Gleichgültigkeit und die eigene Belanglosigkeit sind schwerer zu ertragen als – in begrenztem Maß – Konfrontation und Streit.

Als grundlegende Folgerung aus den oben genannten Untersuchungen kann man sagen, daß soziale Beziehungen und somit soziale Kompetenz bereits als solche einen biologischen Überlebenswert haben. Unser Überleben hängt von den Beziehungen zu unseren Mitmenschen ab.

Zusammenfassung:

→ Es besteht ein enger Zusammenhang zwischen sozialem Verhalten und Gesundheit.

→ Mangelnde oder schlechte soziale Kontakte machen krank.

→ Isolation führt zu degenerativen physischen und psychischen Veränderungen.

→ Gleichgültigkeit anderer ist schwerer zu ertragen als begrenzte Konfrontation.

→ Soziale Kompetenz besitzt einen biologischen Überlebenswert.

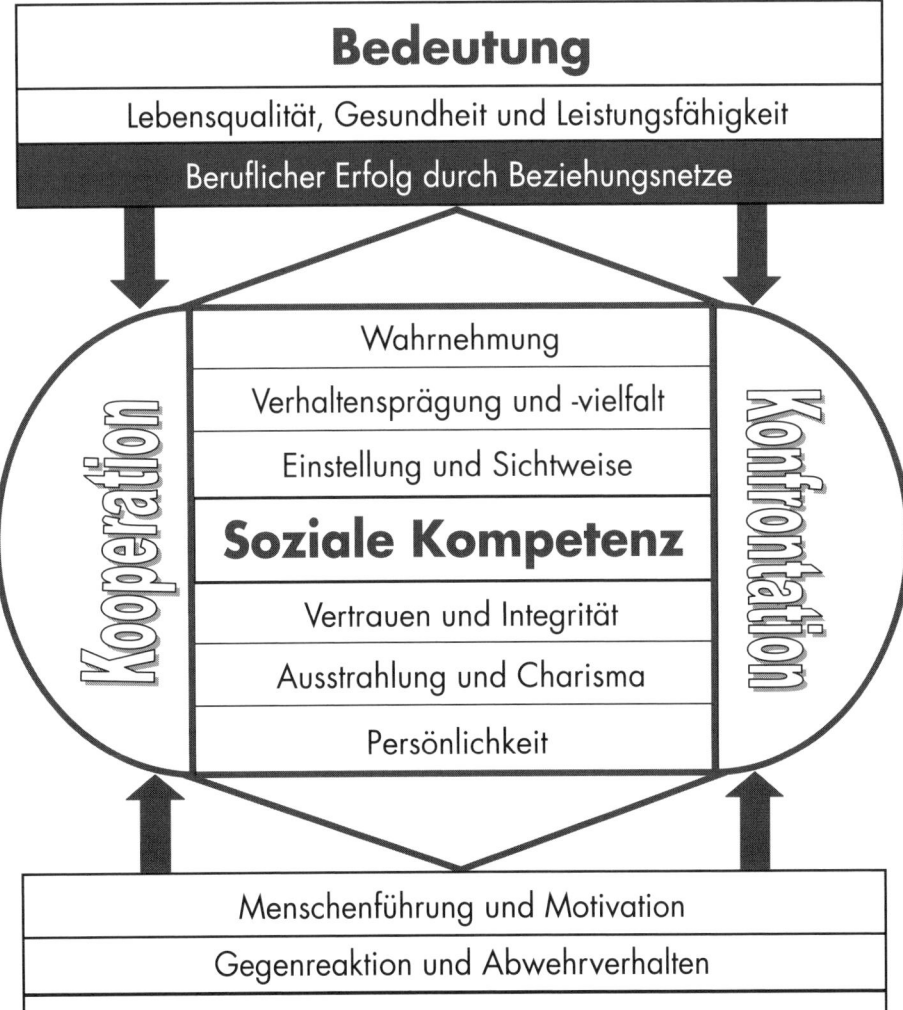

1.2 Beruflicher Erfolg durch Beziehungsnetze

„Für die Gabe, Menschen richtig zu behandeln, wäre ich bereit mehr zu bezahlen
als für jede andere Fähigkeit unter der Sonne."
– *Nelson R. Rockefeller*

Neben ihrem Effekt auf unsere Gesundheit, unsere Leistungsfähigkeit, unsere Lebensqualität und unser Seelenleben sind soziale Kontakte auch für unser Berufsleben von entscheidender Bedeutung. Über Beziehungen läßt es sich erreichen, daß Schüler im letzten Moment doch noch die erhoffte Ferienarbeit, Studenten das gewünschte Praktikum oder Manager den ersehnten Job bekommen. Man erspart sich den mühseligen Bewerbungsmarathon und spricht statt dessen mit einem Bekannten, der einem in der betreffenden Sache weiterhelfen kann. Genaugenommen bedeutet „Beziehungen zu haben" nichts anderes, als Kontakte zu Menschen zu nutzen, die im gleichen sozialen Netzwerk leben.

Dabei ist es gar nicht notwendig, die Entscheidungsträger selbst zu kennen, es genügt, der Freund eines Freundes zu sein und über diesen den Kontakt herzustellen. Dies versetzt einen Bewerber zunächst in eine überlegene Position gegenüber jedem unbekannten Konkurrenten.

Menschen haben generell den Wunsch, andere in ein Geflecht von sozialen Beziehungen einordnen zu können und sie sozial zu kategorisieren. Dadurch lassen sich andere besser einschätzen. Unsere Welt ist überzogen mit solchen sozialen Geflechten. Was vor Jahrhunderten der Familienverbund war, aus dem heraus sich ganze Herrschergeschlechter gebildet haben, sind heute Beziehungsnetze, die sich von Familien über Freunde, Kollegen und Mitarbeiter erstrecken. Familien-Clans wie die Kennedys oder die Bushs, aus denen Präsidenten hervorgingen, und Unternehmerfamilien wie Oetker (Nahrungsmittel), Mohn (Bertelsmann), Kirch (Mediengruppe), Quandt (BMW), Bogner (Textilien), Neckermann (Versandhandel), Porsche usw. sind auch in unserer Zeit noch außerordentlich erfolgreiche soziale Gebilde. Darüber hinaus gibt es eine Vielzahl von Gesellschaften, die ähnlich wirken. Angefangen von Studentenverbindung über Sport- und Freizeitvereine bis hin zu Rotary oder Lions Club ist die Anzahl kaum überschaubar.

In vielen Unternehmen sind heutzutage inoffizielle Beziehungsnetze stärker ausgeprägt als offizielle hierarchische Strukturen. Zum Beispiel berichtet ein Mitarbeiter seinem Abteilungsleiter nur das Notwendigste, jedoch sehr ausführlich dem befreundeten Geschäftsführer, mit dem er auch sonst beim Tennisspielen alle Angelegenheiten bespricht. Der Abteilungsleiter ist damit umgangen und „kaltgestellt". Zwar ist er hierarchisch gesehen der Vorgesetzte dieses Mitarbeiters, da dieser aber in der Gunst seines Chefs steht, sind ihm die Hände gebunden. Nach einer anstehenden Umstrukturierung findet sich dann der Mitarbeiter plötzlich auf höherer Stufe wieder als sein früherer Vorgesetzter, der Abteilungsleiter. Nach diesem Muster folgt die offizielle Unternehmensstruktur den inoffiziellen Beziehungsnetzen. Hierarchie als Folgeerscheinung von Sympathie entsteht häufiger, als sich Entscheidungsträger das selbst eingestehen wollen.

Ein Beispiel aus der Geschichte zeigt, welche Ausmaße dies annehmen kann. Auf dem Höhepunkt seiner Macht ließ Napoleon alle wichtigen Ämter ausschließlich mit Familienmitgliedern und Verwandten besetzten und verkündete offen, daß in korrupten Zeiten dem Vertrauen zu seinen Beratern und Ministern oberste Priorität zukomme.

Zwangsläufig bringt ein solches Vorgehen auch Probleme mit sich, da die loyalsten Mitarbeiter nicht unbedingt auch die effektivsten und besten Mitarbeiter sind. Je höher man allerdings in der Unternehmenshierarchie aufsteigt, desto wichtiger ist es, daß man ein solches Beziehungsnetzwerk hinter sich stehen hat. Wenn dieses groß genug ist, fällt die Unfähigkeit Einzelner nicht mehr so sehr ins Gewicht – entscheidend ist die Loyalität. Auch heutzutage ist es praktisch unmöglich, längere Zeit an der Spitze eines Unternehmens zu stehen, ohne seinen eigenen „Clan" zu haben. Zwar läßt sich über *Positionsmacht* und Hierarchie offiziell vieles steuern, aber inoffiziell stößt man immer wieder auf unerwartete und meist auch undurchsichtige Widerstände. Leichter, angenehmer und effektiver ist es, über die eigene *Persönlichkeitsmacht* und mittels des eigenen Beziehungsnetzes zu agieren. Soziale Kompetenz ist beim Aufbau dieses Beziehungsnetzes die entscheidende Fähigkeit.

Verflechtung bringt Verpflichtung mit sich

Die unausgesprochene Regel lautet dabei: Eine Hand wäscht die andere. Wenn ich dir helfe, befördert zu werden, zeigst du dich erkenntlich bei der Durchsetzung meines Projektes. Nach diesem Muster entstehen Seilschaften und Beziehungsnetze, die vieles erleichtern. In aller Regel weiß dabei jeder Beteiligte, wie der Gefallen zu bemessen ist, den man sich gegenseitig schuldet. Zeitweilige Ungleichgewichte sind dabei notwendig, damit das Spiel der gegenseitigen Hilfe von neuem beginnen kann. Seilschaften können allerdings nur diejenigen nutzen, die gute Beziehungen haben! Natürlich ist es von Vorteil, wie oben beschrieben, wenn man in einer Familie aufgewachsen ist, die über entsprechende Beziehungen bereits verfügt. Aber Strukturen und Netzwerke generell werden immer durchlässiger, und es wird zunehmend leichter für den einzelnen, sein eigenes Beziehungsnetzwerk aufzubauen. Wenn jemand die entsprechende Fähigkeit besitzt, dann wird es ihm auch leichtfallen, Karriere zu machen. Menschen gelangen schließlich durch unterschiedliche Fähigkeiten nach oben.

Je höher man in der Hierarchie aufsteigt, desto mehr spielen politische Gegebenheiten und Beziehungsnetze eine Rolle. Besonders ausgeprägt ist die Netzwerkstrategie deshalb auch in der Politik selbst. Dies ist gleichzeitig der Bereich, in dem es am offensichtlichsten ist, wer zu welchem Netzwerk gehört. Die Netzwerke tragen Namen, sie heißen Parteien. Es gibt sogar explizite Verhaltensregeln. So drückt beispielsweise das Wort „Fraktionszwang" ganz deutlich aus, daß man zu den Beschlüssen des eigenen Netzwerkes stehen muß, auch wenn man selbst eine ganz andere Meinung vertritt. Das Wohl des Netzes steht über dem des einzelnen!

Wer vom Netz profitieren will, muß erkennen, woher der Wind weht. Und wenn er nicht umgeblasen werden will, dann muß er sein Fähnchen in die Richtung drehen, aus welcher der Wind kommt. Kontroverses Diskutieren ist nur bei Windstille angesagt. Kritik an der Richtung des eigenen Netzwerks ist nur im Windschatten erlaubt, also nicht offen oder vor versammelter Mannschaft, sondern in Vier-Augen-Gesprächen mit den Entscheidern – denjenigen, die den Wind machen.

Wer gar nicht in der Lage ist, sich auch mal gegen seine Überzeugung der Mehrheit anzupassen, stößt unweigerlich auf Widerstand. Wer sich allerdings immer der Mehrheit anschließt, auch. Wer beim leichtesten Lüftchen immer sein Fähnchen gleich in den Wind dreht, wird als Mitläufer empfunden. *Mitläufer disqualifizieren sich im Wettstreit um Führungspositionen selbst.*

Diese Zwiespältigkeit macht Politik so schwierig. Einerseits wird verlangt, daß man sich leidenschaftlich für seine Meinung einsetzt. Andererseits soll man aber gleichzeitig imstande sein, sich voll hinter die Meinung der Mehrheit zu stellen, auch wenn sie das Gegenteil vertritt, um nicht im Abseits zu stehen. Entscheidungsunsicherheit nimmt deshalb häufig nach oben hin zu.

Die Vorteile, die eine Integration in ein Beziehungsnetzwerk mit sich bringt, können sich deshalb auch schnell in Nachteile verwandeln. Um die Vorteile aber nützen zu können, kommt es nicht nur darauf an, über die entsprechenden Kontakte zu verfügen. *Die Qualität der Kontakte ist das Entscheidende!* So ist es jemandem nicht möglich, seine Beziehungen zu nutzen, wenn er zwar die Entscheidungsträger kennt, diese ihn aber ablehnen oder nicht wollen, daß er in ihrem Beziehungsnetz eine Rolle spielt. Es ist zweifellos besser, keine Kontakte zu haben, als negativ belastete. Wer sich ein Beziehungsnetz aufbauen will, muß einiges dafür tun. Beziehungen sind nur dann etwas wert, wenn man sie entsprechend pflegt. Es ist besser, wenige, aber intensive Kontakte zu pflegen, als viele unverbindliche Bekanntschaften zu haben.

Zusammenfassung:

→ Unsere Welt ist überzogen mit Beziehungsnetzen. Man trifft sich, man kennt sich, man hilft sich.

→ Diese Netze basieren auf Gegenseitigkeiten mit entsprechenden Rechten und Pflichten.

→ Das Wohl des Netzes steht über dem Wohl des einzelnen.

→ Inoffizielle Beziehungsnetze beeinflussen offizielle Strukturen und Hierarchien.

→ Kontakte allein bringen wenig, die Qualität der Kontakte ist entscheidend.

Bedeutung

| Lebensqualität, Gesundheit und Leistungsfähigkeit |
| Beruflicher Erfolg durch Beziehungsnetze |

Kooperation

Konfrontation

Wahrnehmung

Verhaltensprägung und -vielfalt

Einstellung und Sichtweise

Soziale Kompetenz

Vertrauen und Integrität

Ausstrahlung und Charisma

Persönlichkeit

| Menschenführung und Motivation |
| Gegenreaktion und Abwehrverhalten |

Wirkung

2. Grundlagen sozialer Kompetenz

2.1 Individuelle Wahrnehmung

„Ein Geheimnis des Erfolgs besteht darin, den Standpunkt des anderen zu verstehen."
– Henry Ford

Wir laufen stets Gefahr, anderen Menschen unsere Welt als die einzig objektive, allen gemeinsame Welt zu unterstellen. Wir neigen dazu, unser eigenes „Heimkino" auf das Verhalten anderer Menschen zu projizieren. Unsere Sichtweise der Welt hängt ganz wesentlich davon ab, in welchen Lebensumständen wir selbst leben. Die Welt sieht für Reiche anders aus als für Arme, für Kinder anders als für Erwachsene, für Frauen anders als für Männer, für Arbeitslose anders als für Beschäftigte, für Unternehmer anders als für Gewerkschafter, für Verliebte anders als für Geschiedene, für Chinesen anders als für Amerikaner und für unsere Nachbarn anders als für uns. Es gibt auf dieser Erde keine zwei Menschen, die irgend etwas genau gleich wahrnehmen. *Unser „Sein" bestimmt unser Bewußtsein, unsere Lebensumstände unsere Wahrnehmung.*

Unendlich viele Einflüsse erschaffen unendlich viele Unterschiede. Diese machen das Leben vielfältig und interessant, sie machen es aber gleichzeitig auch kompliziert und schwierig. Diese Unterschiede sind es, die von jedem von uns verlangen, sich ein gewisses Maß an Toleranz zuzulegen, um sich auf andere einstellen zu können. Dazu muß man sich der Tatsache bewußt sein, daß jeder einzelne nicht nur anders ist, sondern die Welt auch anders wahrnimmt und bewertet. Jeder sieht die Welt durch die Brille seiner eigenen Erfahrungen. Dem einen ist seine Katze der liebste Freund, ein anderer haßt Katzen oder ist auf Katzenhaare allergisch. Was in einem Risikosportler höchste Leidenschaft weckt, erzeugt in einem anderen tiefste Furcht.

Solche Unterschiede liegen begründet in guten oder schlechten Erfahrungen, die wir in der Vergangenheit gemacht haben, und darin, womit wir etwas in Verbindung bringen. Dadurch werden Gefühle in uns erzeugt, die unser Verhalten beeinflussen.

Wenn jemand als Kind von einem Hund gebissen worden ist, dann kann es sein, daß er über Jahrzehnte hinweg jedesmal ein mulmiges Gefühl in der Magengrube bekommt, wenn er einem Hund begegnet. Ein Hund merkt, ob man ihm wohlgesonnen ist oder nicht, und reagiert darauf. Im schlimmsten Fall führt das dazu, daß man wieder gebissen wird, was diesen Effekt natürlich nur noch verstärkt und diese Einstellung gegenüber Hunden verhärtet. Wir alle bewegen uns in einer Vielzahl von Wahrnehmungsspiralen, die einem entsprechenden Muster folgen.

Um noch klarer herauszustellen, wie die unterschiedliche Wahrnehmung von Menschen geprägt ist, ist es sinnvoll, ein bißchen über den eigenen Tellerrand hinauszuschauen. Zu diesem Zweck ist der Text der nächsten Seiten nicht in unseren gewohnten, sondern in persischen, russischen und chinesischen Schriftzeichen abgedruckt. Bei den Texten handelt es sich um unbedeutende Zeitungsausschnitte aus den jeweiligen Ländern. Diese Darstellung soll dazu dienen, Wahrnehmungsunterschiede sichtbar zu machen.

إمكانية نجاح التنسيق

اما على المسار الفلسطيني فلا يوجد عرض اسرائيلي بالانسحاب لخطوط 1967 في الضفة الغربية والقدس وقطاع غزة فاسرائيل ترفض ذلك، وعلى هذا لم يعد هناك مجال للتنسيق حول مبدأ الانسحاب حيث كان من المفروض انتزاعه قبل توقيع اي اتفاق لانه الورقة التفاوضية القوية اذا كان لا بد من استثمار الرغبة الاميركية بالتسوية.

واضافة لما سبق فالمشاكل التي تجابه المسار الفلسطيني على الارض مختلفة جذريا عن الوضع في الجنوب اللبناني والجولان وخاصة مشكلة المستوطنات ومصادر المياه. فما هو المقصود بالتنسيق في مثل هذا الوضع؟ هل يعني ان على سورية ولبنان الامتناع عن توقيع اي اتفاق حتى توقيع الاتفاق النهائي على المسار الفلسطيني؟ لا بد من التنويه هنا ان احتمال توقيع اتفاقي تسوية بين سورية ولبنان من جهة واسرائيل من جهة اخرى ما زال بعيدا على عكس الانطباع الذي اعطي بعد ايقاف المفاوضات في مارس (اذار) 1996 من قبل شمعون بيريز بعذر عدم ادانة سورية للتفجيرات الانتحارية. فالسبب الحقيقي لايقاف المفاوضات كان رفض الرئيس الاسد عقد قمة مع بيريز قبل الانتهاء من المفاوضات والتوقيع على اعلان مبادئ ومن ثم الشروع في التطبيع وبعد ذلك المماطلة والتحايل لاستدراج سورية لاعطاء تنازلات سواء في قبول الانسحاب للحدود الدولية عوضاً عن خط 1967 او في الترتيبات الامنية وهذا ما رفضته سورية، فبيريز كان يريد استغلال القمة لاغراض انتخابية. بالطبع ركزت دمشق على الانجازات لأنها تريد حشر اسرائيل في زاوية الالتزام بالانسحاب لهذا الخط والتفاهم على مبادئ الترتيبات الامنية لعام 1995. ولكن في حقيقة الامر تبقى العقدة الرئيسية في معادلة التسوية من الصعب التغلب عليها عمليا في الظروف الراهنة وان كانت تبدو سهلة نظريا الا وهي عقدة التطبيع الكامل كما تريده اسرائيل مقابل انجاز مرحلة اولى من الانسحاب.

فالتنسيق بمعنى التشاور بين المفاوضين السوريين واللبنانيين والفلسطينيين ومحاولة توحيد المواقف كما حصل في واشنطن في بداية المفاوضات عام 1992 لم يعد واردا، فاسرائيل تعرف ان عليها الانسحاب وفقا للشروط السورية واللبنانية لانجاز تسوية ولكنها تناور لانتزاع التطبيع الكامل وتنازلات امنية وفي استغلال مصادر المياه، اما الطرف الفلسطيني فما زال عليه المطالبة بهذا الانسحاب ومن الصعب التصور ان التنسيق يعني ان القيادة الفلسطينية ستستمع لنصائح سورية ولبنانية حيال اية مشكلة ستعترض المفاوضات كما بينت التجارب السابقة، فهم يقولون انهم ادرى بامورهم! واذا كان التنسيق يعني اعتراف سورية ولبنان بما حققه اتفاق اوسلو وما

Abb. 2: Persische Schriftzeichen

По итогам грядущего чемпионата будет окончательно сформирован состав российской сборной на чемпионат Европы в Братиславе (январь) и чемпионат мира в Ванкувере (март). Главной интригой первенства страны, по мнению президента федерации фигурного катания России Валентина Писеева, станет очный поединок чемпиона мира Алексея Ягудина и чемпиона Европы Евгения Плющенко. Эти два фигуриста, вышедшие в финал Гран-при, еще ни разу не встречались на этапах серии. Чего не скажешь о наших знаменитых одиночницах — чемпионке мира-99 Марии Бутырской и чемпионке Европы Ирине Слуцкой. Они, катаясь одна лучше другой, на последнем этапе Гран-при, также проходившем в Токио, покорили японских болельщиков — едва ли не самых тонких ценителей фигурного катания.

Любопытным ожидается и соревнование действующих чемпионов мира в парном катании Марии Петровой и Алексея Тихонова с экс-чемпионами Еленой Бережной и Антоном Сихарулидзе. И если последние уже сумели завоевать симпатии судей и публики, подготовив к новому сезону потрясающе красивую мини-драму «Чарли Чаплин», то произвольной программе Петровой—Тихонова, как отметил Валентин Писеев, до сих пор еще не хватало некоей изюминки, а также стабильности и скорости катания. Впрочем, этому лиричному дуэту, без сомнения, вполне по силам исправить незначительные недочеты в их композиции. Кстати, президент федерации выразил обеспокоенность слишком уж ранним выходом большинства наших лидеров на пик своей формы, о чем свидетельствует множество высших оценок «6.0», полученных ими на этапах серии Гран-при. «Главное, чтобы они сумели сохранить ее до основных стартов, дабы избежать повторения ситуации, в которой оказался на чемпионате мира в Ницце Евгений Плющенко».

В спортивных танцах, к сожалению, продолжается период относительного безвластия. Произвольный танец, подготовленный, например, к нынешнему сезону чемпионами мира Мариной Анисиной и Гвендалем Пейзера (Gwendal Peizerat) из Франции, исполняется ими пока что не слишком уверенно и вызывает неоднозначную реакцию в судейском корпусе. Однако на этом фоне гораздо более выигрышно, чем в прошлом году, смотрятся российские лидеры Ирина Лобачева и Илья Авербух. Во всяком случае, недавно президент Международного союза конькобежцев (ISU) Оттавио Чикванта (Ottavio Cinquanta) в личной беседе с нашим специалистом Александром Горшковым дал им весьма лестную оценку. Совершенно по-новому, а главное, очень приятно выглядит дуэт Татьяна Навка—Роман Костомаров, вновь соединившийся после перерыва, связанного с рождением ребенка у партнерши. Между этими парами и пойдет борьба за «золото» российского чемпионата.

Экс-чемпионы мира Анжела Крылова и Олег Овсянников, перешедшие в этом году в профессиональный спорт и планировавшие в Москве попрощаться со своими болельщиками, не смогут по ряду причин личного свойства приехать в Россию из США. Однако, извинившись, они просили передать, что прощание обязательно состоится. Но позже.

Abb. 3: Russische Schriftzeichen

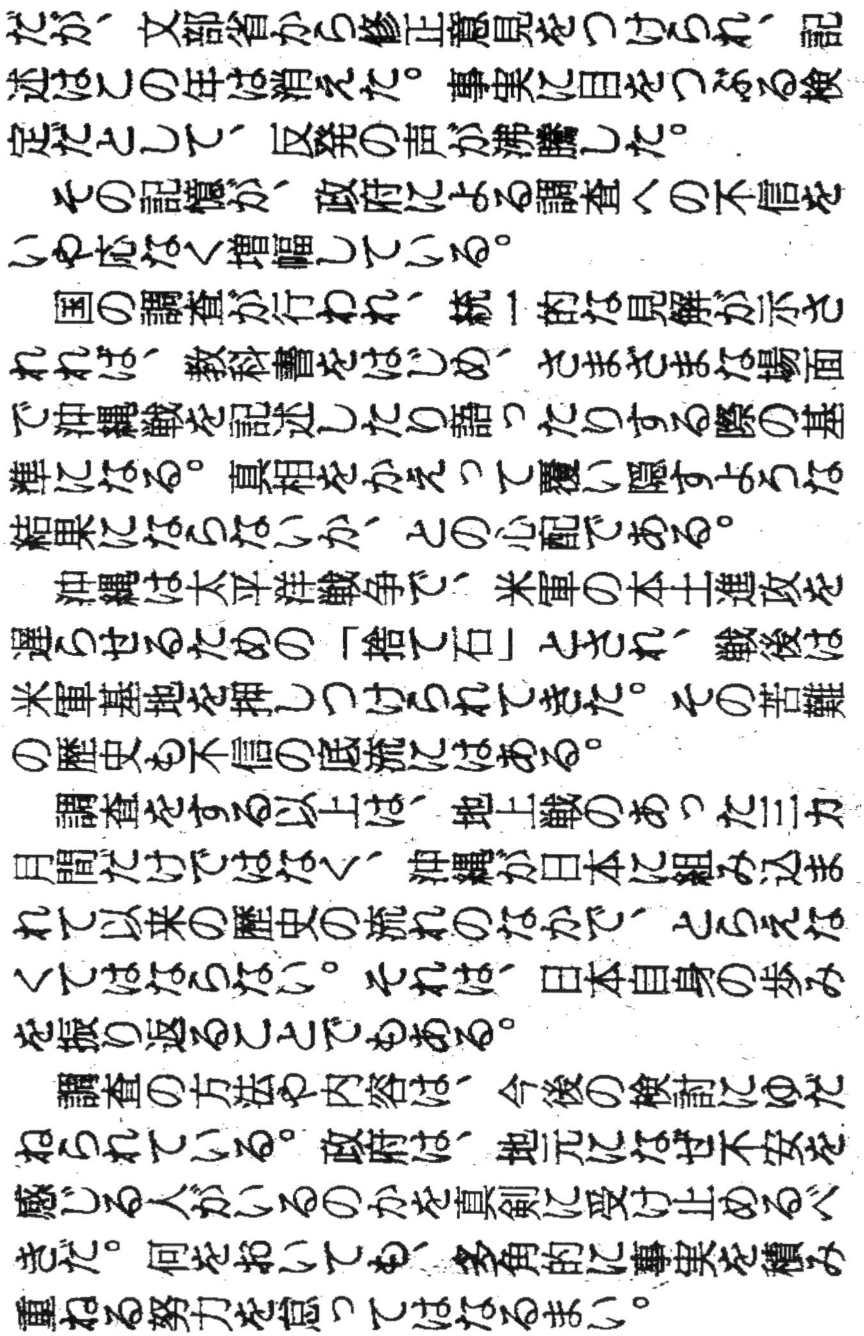

だが、文部省からの修正意見をつけられて、記述はこの年は消えた。事実に目をつぶる検定だとして、反発の声が沸騰した。

その記憶が、政府による調査への不信を今もなお増幅している。

国の調査が行われ、統一的な見解が示されれば、教科書をはじめ、さまざまな場面で沖縄戦を記述したり語ったりする際の基準になる。真相をかえって覆い隠すような結果にならないか、との心配である。

沖縄は太平洋戦争で、米軍の本土進攻を遅らせるための「捨て石」とされ、戦後は米軍基地を押しつけられてきた。その苦難の歴史も不信の底流にはある。

調査をする以上は、地上戦のあった三カ月間だけではなく、沖縄が日本に組み込まれて以来の歴史の流れのなかで、とらえなくてはならない。それは、日本自身の歩みを振り返ることでもある。

調査の方法や内容は、今後の検討にゆだねられている。政府は、地元になぜ不安を感じる人が多いのかを真剣に受け止めるべきだ。何をおいても、多角的に事実を積み重ねる努力を怠ってはならない。

Abb. 4: Chinesische Schriftzeichen

Menschen, die gelernt haben, diese Schrift zu lesen, nehmen die Zeichen mit vertrautem Blick wahr und beginnen automatisch, den Text zu lesen und zu verstehen. Für die anderen ist dies nicht möglich, da sie nicht in der Lage sind, die Bedeutung der Zeichen zu erfassen. Die Reaktionen schwanken in der Regel von anfänglichem Interesse bis zu genereller Ablehnung der fremden Schriftzeichen. Die asiatischen Schriftzeichen sind so verbreitet, daß fast ein Drittel der Weltbevölkerung sie selbstverständlich verwendet, während sie den anderen beiden Dritteln gänzlich unverständlich bleiben.

Dabei ist noch zu bedenken, daß Schriftzeichen nur einen Teil des unterschiedlichen Gedankengutes von Menschen widerspiegeln, der zudem auf bewußter Wahrnehmung beruht. Die Sprache anderer Menschen zu lernen ist noch relativ einfach, da man sich dabei auf einem abgegrenzten und gut definierten Feld mit Regeln und festgelegten Strukturen bewegt, nach denen sich jeder richten kann, wenn man von anderen verstanden werden will. Im Vergleich zur Sprache ist der emotionale und mentale Bereich anderer Menschen sehr viel schwieriger zu verstehen. Manche Menschen lernen Zeichen zu deuten, deren Sinn anderen ein Leben lang verschlossen bleibt. Dementsprechend verhalten sich Menschen auch unterschiedlich. Stellen Sie sich vor, wie unterschiedlich allein die Wahrnehmungen verschiedener Berufsgruppen ist:

Ein Arzt, der durch eine Stadt geht, sieht diese mit ganz anderen Augen als ein Architekt. Während der Arzt wahrscheinlich nicht sieht, wie wertvoll die Gebäude in dieser Stadt sind, erkennt der Architekt nicht, daß jemand im Bus neben ihm an einer lebensbedrohlichen Bronchitis leidet. Ein Werbefachmann sieht sofort, wo man überall Werbung anbringen könnte, und einem Verkehrsplaner fällt auf, daß die Stadt kurz vor dem Verkehrskollaps steht. Jemand, der bei einer Autofirma beschäftigt ist, sieht unentwegt die Wagen seiner Marke und ein Schuhverkäufer die Schuhe, die die Menschen auf der Straße tragen.

Ebenso ist es mit unserem alltäglichen Verhalten. Unser Verhalten ist eine Folge unserer Wahrnehmung. Es gibt keine klaren Aussagen darüber, was richtig und was falsch ist. Wer kann schon ein gültiges Urteil über das Verhalten eines anderen abgeben und objektiv sagen, ob es gut oder schlecht ist, was dieser macht. Selbstverständlich gibt es einen gesellschaftlichen Rahmen aus Normen und Verhaltensregeln, aber es gibt kein Richtig oder Falsch im absoluten Sinn. Richtig oder falsch ist ein gedankliches Konstrukt, das wir als Referenzschema unserer Wahrnehmung gebildet haben, um die Welt um uns herum einordnen zu können, damit wir ihr nicht hilflos ausgeliefert sind. Die Welt ist so komplex, daß wir sie nie in ihrer Gesamtheit erfassen können. Um so erstaunlicher ist es zu erleben, mit welcher Sicherheit manche Menschen bloße Behauptungen zu Wahrheiten erklären.

Gerade in diesem Zusammenhang kann man in Unternehmen unglaubliche Dinge erleben; wie z.B. den Ausspruch eines Versicherungsvorstandes: „Ich brauche nur zu sehen, wie einer zur Tür hereinkommt, dann weiß ich, ob er gut ist." Eine an Größenwahn und Ignoranz kaum zu übertreffende Aussage. Wenn das so einfach wäre, dann könnte man sich all die teuren Auswahlverfahren, Accessment Center und Vorstellungsgespräche sparen, für die Unternehmen jährlich Milliarden ausgeben, um im Wettkampf um die besten Talente zu gewinnen. Aber selbst mit Hilfe dieser aufwendigen Auswahlmethoden läßt sich nicht mit hundertprozentiger Sicherheit einschätzen, wie gut jemand wirklich für einen Job geeignet ist. Das zeigt sich erst später, wenn er die Tätigkeit ausübt.

Man denke auch an die jährlichen Beurteilungsgespräche. Eigenschaften, die man selbst für Stärken hält, werden von anderen als Schwächen wahrgenommen, und Schwächen, mit denen man schon seit Jahren kämpft, werden gelobt. Manche Mitarbeiter sind von ihrem Vorgesetzten begeistert, während andere Mitarbeiter vom gleichen Vorgesetzten frustriert sind.

Neben den Wahrnehmungsunterschieden aufgrund unterschiedlicher Beurteilung gibt es auch eine Reihe von Wahrnehmungstäuschungen. Der Kontext, in dem wir etwas sehen, beeinflußt unsere Wahrnehmung und kann sie verzerren. Betrachten Sie Abbildung 5, oben links. Die Strecke A – B erscheint länger als die Strecke C – D, obwohl beide Strecken gleich lang sind (Müller-Lyer-Illusion). In der Abbildung rechts erscheint die obere horizontale Linie länger als die untere, obwohl beide gleich lang sind (Ponzo-Illusion). Die Wahrnehmung von Objekten wird durch ihre Umgebung beeinflußt. So sieht man im Beispiel unten links ein B oder eine 8, je nachdem ob man die Buchstabenreihe oder die Zahlen betrachtet. Im Beispiel unten rechts erscheinen die mittleren Bälle durch den Einfluß der sie umgebenden Bälle unterschiedlich groß, obwohl sie es nicht sind. Messen Sie es nach!

Wir unterliegen also allerhand Täuschungen aufgrund von Kontexteinflüssen. Dies gilt für Mitarbeiterbeurteilungen ebenso wie für die Einschätzung unserer eigenen Verhaltensweisen, die Abschätzung von Produkterfolgen und vieles mehr.

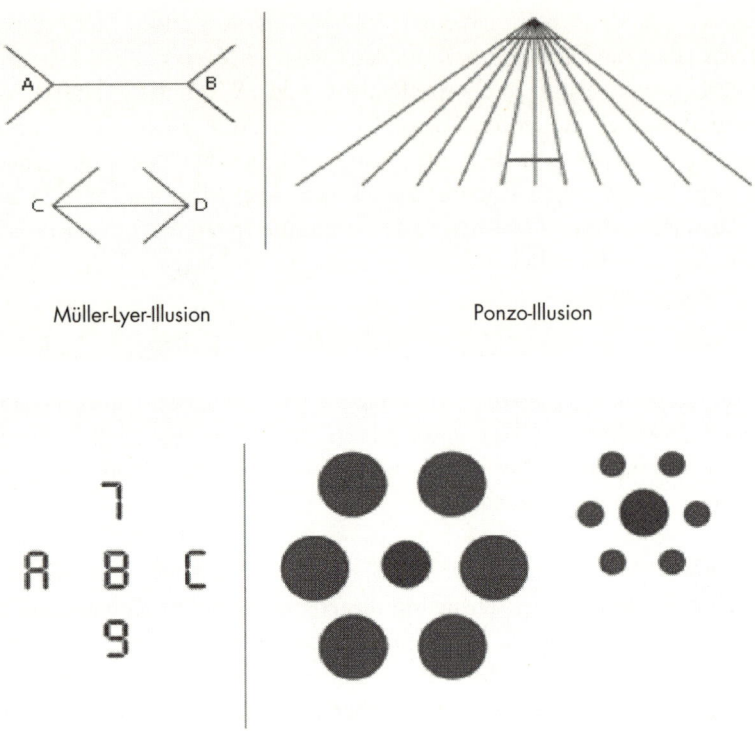

Müller-Lyer-Illusion   Ponzo-Illusion

Abb. 5: Wahrnehmungstäuschungen durch Kontexteinfluß[1]

Ein weiteres Wahrnehmungsprinzip ist die sogenannte Figur-Grund-Beziehung, nach der sich ein Bereich des Wahrnehmungsfeldes als „Figur" von dem Restbereich, dem „Grund", abhebt. Abb. 6 auf Seite 39 wurde nach dem dänischen Psychologen Edgar John Rubin benannt (Rubinsche Vase). Sie enthält zwei Informationen: Zum einen eine weiße Vase auf schwarzem Grund und zum anderen die Schattenrisse zweier sich anblickender Köpfe vor weißem Hintergrund. Übertragen könnte dies heißen, daß wir beispielsweise jemanden anders wahrnehmen, wenn er auffallend gekleidet ist, da wir ihn vor einem anderen Hintergrund wahrnehmen. „Kleider machen Leute" ist eine alte Volksweisheit und basiert auf diesem Prinzip. Mit einem schwarzen Anzug, wie ihn beispielsweise ein Bankier trägt, assoziieren wir andere Zusammenhänge als mit dem Blaumann eines Automechanikers.

---

1 „Illusorische Formen" *Microsoft* ® *Encarta* ® *Enzyklopädie 2001.* © 1993-2000 Microsoft Corporation.

Abb. 6: Rubinsche Vase[1]

In der Figur unten links sehen viele Menschen ein weißes Dreieck im Vordergrund, obwohl die Seiten des Dreiecks als Linien nicht vorhanden sind. In der Figur rechts entdecken viele Menschen eine Kurve, die in Wirklichkeit nicht vorhanden ist. Dies ist eines der problematischsten Bereiche unserer Wahrnehmung, da wir dazu neigen, in gewissen Zusammenhängen Verbindungen zu sehen, wo keine sind.

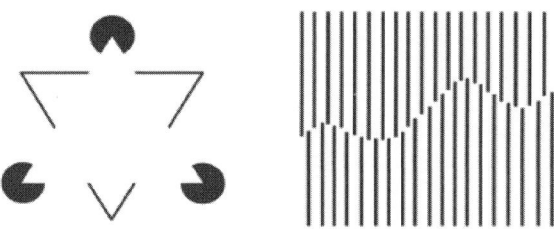

Abb. 7: Wahrnehmung nicht vorhandener Formen[1]

Denken Sie an solche Möglichkeiten auch im Falle von Beurteilungen, Konflikten oder Konfrontationen. Gehen Sie deshalb nie davon aus, daß Ihre Sichtweise die einzig richtige ist. Verallgemeinern Sie nicht Ihre eigene Sichtweise und erheben Sie diese nicht zur Objektivität. Wir alle haben unsere eigene unterschiedliche Perspektive, auch wenn wir dies meist nicht wahrhaben wollen. Wenn Sie also als Vorgesetzter einen Mitarbeiter beurteilen, dann behalten Sie diese Zusammenhänge zumindest im Hinterkopf. Beurteilen Sie konkretes Verhalten und Arbeitsergebnisse, so wie Sie es wahrgenommen haben, aber halten Sie sich von generellen Urteilen über die Person des anderen fern. Diese können Sie gar nicht beurteilen, da Sie gerade mal einen Bruchteil, nämlich sein Mitarbeiterverhalten, kennen. Dies ist schon schwierig genug zu beurteilen.

Menschliches Verhalten ist unergründbar und in seiner Gesamtheit nicht zu erfassen. Es existiert bei weitem noch kein ganzheitliches psychologisches Modell, das der Komplexität der menschlichen Natur auch nur annähernd gerecht werden könnte. Zwar gibt es psychologische bzw. psychoanalytische Ansätze, die eine ganze Menge von Aspekten beleuchten, aber sie bergen die Gefahr, daß man ihnen einseitig Glauben schenkt und so eine einseitige Wahrnehmung noch verstärkt. Im festen Glauben an solche Erkenntnisse passiert es, daß man sie auch in Zusammenhängen sieht, auf die sie sich nicht beziehen. Man redet sich selbst etwas ein und glaubt an dessen Wahrheitsgehalt. Dieser Glaube selbst wird dann zwangsläufig zu einer selbsterfüllenden Prophezeiung. Zur Verdeutlichung sei hier ein Beispiel von Paul Watzlawick (1983) angeführt:

> Ein Mann will ein Bild aufhängen. Den Nagel hat er, nicht aber den Hammer. Der Nachbar hat einen. Also beschließt unser Mann, hinüberzugehen und ihn auszuborgen. Doch da kommt ihm ein Zweifel: Was, wenn der Nachbar mir den Hammer nicht leihen will? Gestern schon grüßte er mich nur so flüchtig. Vielleicht war er in Eile. Aber vielleicht war die Eile nur vorgeschützt, und er hat etwas gegen mich. Und was? Ich habe ihm nichts angetan; der bildet sich da etwas ein. Wenn jemand von mir ein Werkzeug borgen wollte, ich gäbe es ihm sofort. Und warum er nicht? Wie kann man einem Mitmenschen einen so einfachen Gefallen abschlagen? Leute wie dieser Kerl vergiften einem das Leben. Und dann bildet er sich noch ein, ich sei auf ihn angewiesen. Bloß weil er einen Hammer hat. Jetzt reicht es mir wirklich. – Und so stürmt er hinüber, läutet, der Nachbar öffnet, doch noch bevor er „Guten Morgen" sagen kann, schreit ihn unser Mann an: „Behalten Sie Ihren Hammer, Sie Rüpel!"

Natürlich wird der Nachbar auf diese Beschimpfung nicht sehr freundlich reagieren und liefert einem damit die Bestätigung, daß er wirklich ein Rüpel ist. Aber das wußte man ja schon vorher. Ebenso verhält es sich häufig mit psychologischen Modellen. Sie bestätigen sich, weil wir sie inszenieren!

Diese Problematik ist wahrscheinlich eine der weitreichendsten bei der Mitarbeiterführung in Unternehmen. Viele Chefs glauben, „ihre Pappenheimer" schon zu kennen, und schaffen damit ein massives Problem, weil sie aufgrund dieser Einstellung nicht sehen können, wie sich der eine oder andere Mitarbeiter verändert oder weiterentwickelt. Weil sie dazu neigen, einen Mitarbeiter in eine Schublade zu stecken, in die er schon lange nicht mehr paßt oder vielleicht gar nie hineingehörte. Wenn es einem Vorgesetzten nicht gelingt, in der Gegenwart seinen Mitarbeitern gegenüber offen und neutral zu sein, sondern allzusehr an der Vergangenheit festhält, dann wird er sie zwangsläufig über- oder unterschätzen.

Ebenso gibt es Mitarbeiter, die genau zu wissen glauben, wie ihr Chef reagieren wird. Natürlich ist es wichtig, eine Vorstellung vom Verhalten des anderen zu haben, um in gegenseitigem Vertrauen zusammenarbeiten zu können. Aber es ist mehr als nur notwendig, Veränderungen wahrzunehmen, da man sonst jeder Weiterentwicklung im Wege steht.

Wahrnehmung hat die verschiedensten Facetten, aber besonders bedeutsam ist sie im Marketing. Eines der eindrucksvollsten Beispiele liefert die Kosmetikbranche. Vor einiger Zeit hat ein großer amerikanischer Kosmetikhersteller einen Vertrag mit einer Handelskette über die Herstellung und Lieferung eines neuen Parfüms unter dem Namen „Fenny" geschlossen. Fenny sollte in den Supermärkten dieser Handelskette zu einem Preis von $ 9,90 verkauft werden. Nachdem mehrere Millionen Dollar in die Entwicklung, Marktforschung und Einführungswerbung geflossen waren, wurde der erste Umsatzanstieg erwartet. Aber er blieb aus. Nach verschiedenen Verkaufsförderungsmaßnahmen wurde das Produkt nach einigen Monaten erfolglos vom Markt genommen. Fenny wurde zu einem ausgemachten Flop. Mit den gemachten Entwicklungsinvestitionen sah man sich allerdings gezwungen, auf irgendeine Art und Weise Umsatz zu generieren, und versuchte, das Produkt mit neuer Verpackung und unter neuem Namen noch einmal auf den Markt zu bringen. Diesmal wurde der Duft in exklusiven Parfümerien zum stattlichen Preis von $ 89,– verkauft. Wohl gemerkt, es handelte sich in beiden Fällen um exakt das gleiche Parfüm mit identischer Zusammensetzung. Nun hatte man allerdings großen Erfolg.

Inzwischen ist es in der Kosmetikbranche Standard, ein und dasselbe Produkt unter verschiedenen Markennamen und mit anderer Positionierung über unterschiedliche Vertriebswege zu verkaufen, um schnellere Amortisationszeiten und somit höhere Profite zu erzielen.

So wird ein Parfüm unter dem Namen A in Supermärkten, unter dem Namen B in Drogerien und unter dem Namen C in Parfümerien verkauft. Selbstverständlich in alternativer Verpackung und unterschiedlichem Preis, aber mit sorgfältig differenzierter Werbeaussage. Meist wird das teurere Produkt durch TV- und Printwerbung aktiv bekanntgemacht, während die billigeren Produkte nur durch Verkaufsförderungsmaßnahmen wie z.B. Probepackungen unterstützt werden.

Dies ist möglich, da Kunden durch Werbung, Verpackung und Einkaufsumgebung in ihrer Wahrnehmung stark beeinflußt werden. Sinnliche Wahrnehmung ist besonders beeinflußbar. Um ganz sicherzugehen, daß der Kunde nicht bemerkt, daß es sich um die gleiche Grundsubstanz handelt, wird je nach Vertriebsweg auch gerne die Farbe verändert.

Wie soll man aber auch wissen, ob ein Parfüm gut ist oder nicht? Kann man bei Parfüms überhaupt davon ausgehen, daß es so etwas wie eine objektive Betrachtungsweise gibt? Oder ist es nicht eher so, daß jedes Parfüm bei jedem Menschen ein bißchen anders riecht? Riecht das teurere Parfüm besser und das billigere schlechter? Es dürfte wohl kaum der Preis sein, der den Unterschied macht! Unser allgemeines Verständnis läßt es aber nicht zu, anzunehmen, daß etwas Billiges besser ist als etwas Teures. Produkttests jedoch zeigen, daß es den meisten Menschen nicht möglich ist, allein aufgrund des Geruchs ein Parfüm einer Preisklasse zuzuordnen.

Lassen Sie mich zur Verdeutlichung noch ein weiteres Beispiel anführen. Auf den Champs-Elysées in Paris gibt es eine der teuersten Parfümerien der Welt, die Parfümerie Séfora. Hier werden Fläschchen mit dem Inhalt eines Schnapsglases zu einem Preis von über 1.000 Euro angeboten, die, wie sich täglich beobachten läßt, auch gekauft werden. Im oben erwähnten Zusammenhang drängt sich geradezu die Frage auf, wer diese Fläschchen für so viel Geld kauft und warum? Als Erklärung möchte ich folgendes Bild malen: Stellen Sie sich eine sehr elegante Frau mittleren Alters vor, die sich zu einem Abendessen mit einem sehr attraktiven Mann verabredet hat, in den sie frisch verliebt ist. Sie ist voller Hoffnung und hat hohe Erwartungen an diese entstehende Liebesbeziehung. Sie spürt, daß der Mann sich ebenfalls sehr auf diesen Abend mit ihr freut, aber auch ebenso hohe Erwartungen hat wie sie. Sie will ihn keinesfalls enttäuschen und überlegt, was sie tun kann, damit dieser Abend gelingt. Nachdem sie sich bereits ein teures Kleid und neue Schuhe gekauft hat, kommt ihr in den Sinn, daß viele Männer Parfüm sehr gerne mögen.

In dem Empfinden, vielleicht wirklich den Mann ihres Lebens getroffen zu haben, und in der qualvollen Vorstellung, daß Jahre vergehen könnten, bis sie wieder so stark für jemanden empfindet, der sich auch für sie interessiert, beschließt sie, diesen glücklichen Augenblick nicht einfach so verstreichen zu lassen. Sie will alles tun, was in ihrer Macht steht, um diesen Mann für sich zu gewinnen. Mit diesen Emotionen betritt sie die Parfümerie. Es ist undenkbar, daß diese Frau mit dem erstbesten Parfüm wieder hinausgeht. Ebenso ist es undenkbar, daß sie ein beliebiges Parfüm kauft, weil es das billigste ist. Es würde ihr absurd erscheinen, für einen der wertvollsten Momente in ihrem Leben an Geld zu sparen. Ihre Gefühle zwingen sie dazu, an mindestens zehn verschiedenen Düften zu riechen. Sie muß mindestens eine halbe Stunde in diesem Geschäft bleiben, um sicher zu sein, daß sie dem Wert dieses Moments an Sorgfalt gerecht wird. In so einem Moment wird sie den Duft auswählen, der gut riecht und der Bedeutung des Abends entspricht. Sie wird ein teures Parfüm nehmen, weil ein billiges unmöglich diesen Anspruch erfüllen kann. Natürlich wird sie eines nehmen, das gut riecht, aber sie wird unter den teuren Parfüms auswählen, gerade deshalb, weil sie teuer sind – um der Bedeutung dieses wichtigen Moments gerecht zu werden. Das verlangt ihr Instinkt, ihre Selbstwertschätzung und ihr Gefühl. Und so kommt es, daß jemand, der die finanzielle Möglichkeit dazu hat, ein solch sündhaft teures Parfüm kauft. „Weil ich es mir wert bin" ist nicht zufällig ein sehr erfolgreicher Werbeslogan der Kosmetikbranche.

Wie paradox die Auswirkungen unserer Wahrnehmung sein können, erfährt man auch, wenn man die Gelegenheit hat, einen Blick in die Gehaltsstrukturen eines Unternehmens zu werfen. Es hat durchaus seinen Grund, warum das Thema Gehalt tabu ist. Die meisten Arbeitgeber verlangen bei der Einstellung von ihren Mitarbeitern schriftlich, diesbezüglich Stillschweigen zu bewahren. Stellen Sie sich vor, was passieren würde, wenn durch ein Mißgeschick der Personalabteilung die Übersichtsliste mit sämtlichen Gehältern per E-Mail an alle Mitarbeiter verschickt würde. Die Folgen brauche ich nicht zu beschreiben. Nur gut, daß die meisten Mitarbeiter nicht wissen, was ihre Kollegen verdienen! So bricht dieser latent vorhandene Konflikt nie aus. Absolut unwahrscheinlich ist es nämlich, daß es eine Situation gibt, in der alle Gehälter transparent sind und auch jeder damit einverstanden wäre. Die unterschiedliche Wahrnehmung innerhalb der Mitarbeiter und Vorgesetzten bezüglich der Leistung anderer läßt dies nicht zu! Während der eine sehr viel von einem bestimmten Kollegen hält, ist ein anderer froh, nicht mit diesem arbeiten zu müssen. Je größer das Unternehmen ist, desto widersprüchlicher wären die Aussagen.

Dabei sollte man sich nicht der Illusion hingeben, daß jemand, dem bei gleicher Arbeit weniger gezahlt wird als seinen Kollegen, wertvoller eingestuft wird, weil er bei vergleichbarer Leistung weniger kostet und somit relativ betrachtet produktiver ist. Gerade in Großunternehmen, in denen praktisch keiner einen vollständigen Überblick hat, wer was genau macht, steigt der individuelle Wert (bei denjenigen, die Gehaltseinsicht haben) nicht so sehr mit der tatsächlich erbrachten Leistung als vielmehr mit der Höhe des Gehalts. Wenn keiner weiß, was läuft, dann denkt jeder: Wenn jemand viel verdient, so wird er schon Entsprechendes für das Unternehmen leisten oder geleistet haben und sicher auch wertvoller sein als einer, der weniger bekommt. Paradox, kontraproduktiv und ignorant – aber häufig wahr!

Gemeinsamkeiten in der Wahrnehmung

Einerseits ist es fast schon beunruhigend, wie unterschiedlich die Wahrnehmung von Menschen ist, da diese Unterschiede ein enormes Konfliktpotential in sich bergen. Andererseits ist es überraschend zu sehen, wie deckungsgleich unsere Wahrnehmung in anderen Bereichen sein kann. Unterschiede ergeben sich vor allem aus den kognitiven Fähigkeiten unseres Gehirns. Assoziationsfähigkeit, Kombinatorik, logisches und analytisches Denken sind individuell sehr verschieden.

Emotionale Zusammenhänge hingegen sind von Mensch zu Mensch sehr ähnlich. Diese nehmen wir auch ähnlich wahr. Menschen haben unter den Begriffen Trauer, Wut, Zorn, Freude, Liebe, Haß, Neid, Gier, Ungeduld, Eifersucht, Dankbarkeit, Sehnsucht oder Freundschaft vor 1.000 Jahren die gleichen Empfindungen gehabt wie jetzt. Diese Zusammenhänge und Gesetzmäßigkeiten sind zwar enorm komplex, bleiben aber über Jahrhunderte die gleichen, weil sie den relativ langsamen Mechanismen der Evolution unterworfen sind. Es sind Eigenschaften unserer Spezies, die uns allen gemeinsam sind und die überall auf der Welt gelten. So werden Zeichen, die sich auf emotionale Zusammenhänge beziehen, im Gegensatz zu erlernten Zusammenhängen, wie Schriftzeichen, durchaus von Menschen verschiedener Rasse und Herkunft gleich oder sehr ähnlich interpretiert.

Zum Beispiel sind die „screen-bean"-Männchen von Microsoft in den international ansonsten verschiedenen Versionen des Softwareprogramms „Office" überall gleich, weil sie emotionale Bilder sind, die weltweit jeder Mensch intuitiv verstehen kann. Betrachten Sie die screen-beans in Abb. 8 und versuchen Sie zu verstehen, welche Gefühle sie repräsentieren. Es wird Ihnen leichtfallen. Während die Schriftzeichen dem jeweiligen Kulturkreis angepaßt werden müssen, werden diese Strichmännchen weltweit nicht verändert, weil sie überall die gleiche Bedeutung besitzen. Auch der Mobiltelefonhersteller Nokia macht sich dieses Phänomen zunutze. Nach eigenen Angaben führt Nokia dies als einen der entscheidenden Erfolgsfaktoren an, weshalb die weltweite Marktdurchdringung so schnell gelingen konnte. Hersteller, die auf Sprache gesetzt hatten, waren gezwungen, diese jeweils zu verändern, was ihnen erhebliche zeitliche Nachteile gegenüber dem Zeichenstandard von Nokia einbrachte.

Abb. 8: Die screen-beans von Microsoft haben international die gleiche Bedeutung

Intuitive Wahrnehmung

Glücklicherweise sind wir nicht nur auf unsere sinnliche Wahrnehmung angewiesen, sondern verfügen auch über eine intuitive Wahrnehmung. Diese ist im zwischenmenschlichen Bereich besonders wichtig. Über unsere Ausstrahlung beispielsweise vermitteln wir anderen, was in uns vorgeht, auch ohne daß wir dies mit Worten oder Zeichen beschreiben. Gefühle, Einstellungen und Denkweisen übertragen sich. Unsere intuitive Wahrnehmung ergänzt so unsere sinnliche Wahrnehmung und reduziert Wahrnehmungsverzerrungen. Dadurch werden Mißverständnisse vermieden. So ist es nicht ungewöhnlich, daß wir manchmal auch dann verstehen, was jemand eigentlich gemeint hat, auch wenn er mit Worten etwas ganz anderes ausgedrückt hat. Dieser Zusammenhang wird im Kapitel über Ausstrahlung und Charisma ausführlicher besprochen.

Sicher ist es Ihnen auch schon einmal passiert, daß Sie einen Freund oder Bekannten anrufen wollten und dieser im gleichen Moment Sie anruft. Studien, die sich mit solchen Zusammenhängen befassen, zeigen, daß derartige Phänomene sehr häufig sind. Zwar gibt es verschiedene Theorien dazu, es ist allerdings noch nicht abschließend erforscht, wie diese Mechanismen genau wirken. Deutlich wird aber, daß solche Übertragungen häufiger zwischen Menschen vorkommen, die sich nahestehen. Zwischen Freunden, Verliebten, Ehepartnern, Geschwistern oder Familienangehörigen treten sie wesentlich öfter auf als zwischen oberflächlichen Bekannten oder Fremden. Wissenschaftler nehmen an, daß Kinder durch diese Art von Übertragungsmechanismen lernen, mit Sprache umzugehen. Sicher spielt Nachahmung eine große Rolle, aber die Tatsache, daß Kinder selbständig Sätze formulieren, die sie in dieser Konstellation noch nicht gehört haben können, weist auf einen komplexeren Mechanismus hin.

Rupert Sheldrake vertritt die These, daß alle Menschen in enger Beziehung miteinander stehen. Diese Beziehung erzeugt Resonanz zwischen den Menschen und überträgt so bestimmte Denkhaltungen, Eigenschaften oder Fähigkeiten:

> Unsere Hypothese sagt außerdem voraus, daß Sprachen, die von sehr vielen Menschen gesprochen werden und wurden, leichter zu erlernen sein müßten als Sprachen, die keine so weite Verbreitung haben. (...) Bei Erwachsenen stehen dem natürlich die eigenen tiefsitzenden Sprachgewohnheiten entgegen, aber bei Kleinkindern sollte man tatsächlich erwarten dürfen, daß sie eine weitverbreitete Sprache leichter erlernen als einen Dialekt aus dem Amazonasdschungel – einfach deswegen, weil bei einer Sprache, die von vielen Menschen gesprochen wurde und wird, die morphische Resonanz stärker ist. (Sheldrake 1990, S. 232)

Der Psychoanalytiker Carl Gustav Jung hat einen ähnlichen Zusammenhang zwischen Menschen beobachtet und ihn als „kollektives Unterbewußtsein" bezeichnet, aus dem sich bestimmte Verhaltensweisen ergeben. Intuitiv nehmen wir wahr, wer welche Rolle spielt. Gruppenverhalten, Normen, Konformität, Macht- oder Rollenverteilungen ergeben sich seiner Meinung nach zu einem wesentlichen Teil aus derartigen Zusammenhängen.

Häufig wird behauptet, daß Frauen eine bessere intuitive Wahrnehmung hätten als Männer. Dies konnte aber bisher nicht nachgewiesen werden.

Zusammenfassung:

→ Wir sehen die Welt durch die Brille unserer eigenen Erfahrungen und laufen stets Gefahr, anderen Menschen unsere Welt als die einzig objektive, allen gemeinsame Welt zu unterstellen.

→ Unsere Wahrnehmung und unser Verhalten wird von unseren Lebensumständen bestimmt.

→ Wahrnehmungsunterschiede kreieren Konfliktpotential.

→ Soziale Kompetenz verlangt Einfühlungsvermögen und Verständnis für die Sichtweise anderer.

→ Wahrnehmungsunterschiede entstehen vor allem aufgrund unterschiedlicher kognitiver Fähigkeiten.

→ Gemeinsamkeiten entstehen durch Emotionen.

→ Wahrnehmung bedeutet *etwas für wahr nehmen*. Deshalb muß es in Wirklichkeit aber noch lange nicht der Realität entsprechen.

→ Gefühle, Einstellungen und Denkweisen übertragen sich. Unsere intuitive Wahrnehmung ergänzt so unsere sinnliche Wahrnehmung und reduziert Wahrnehmungsverzerrungen.

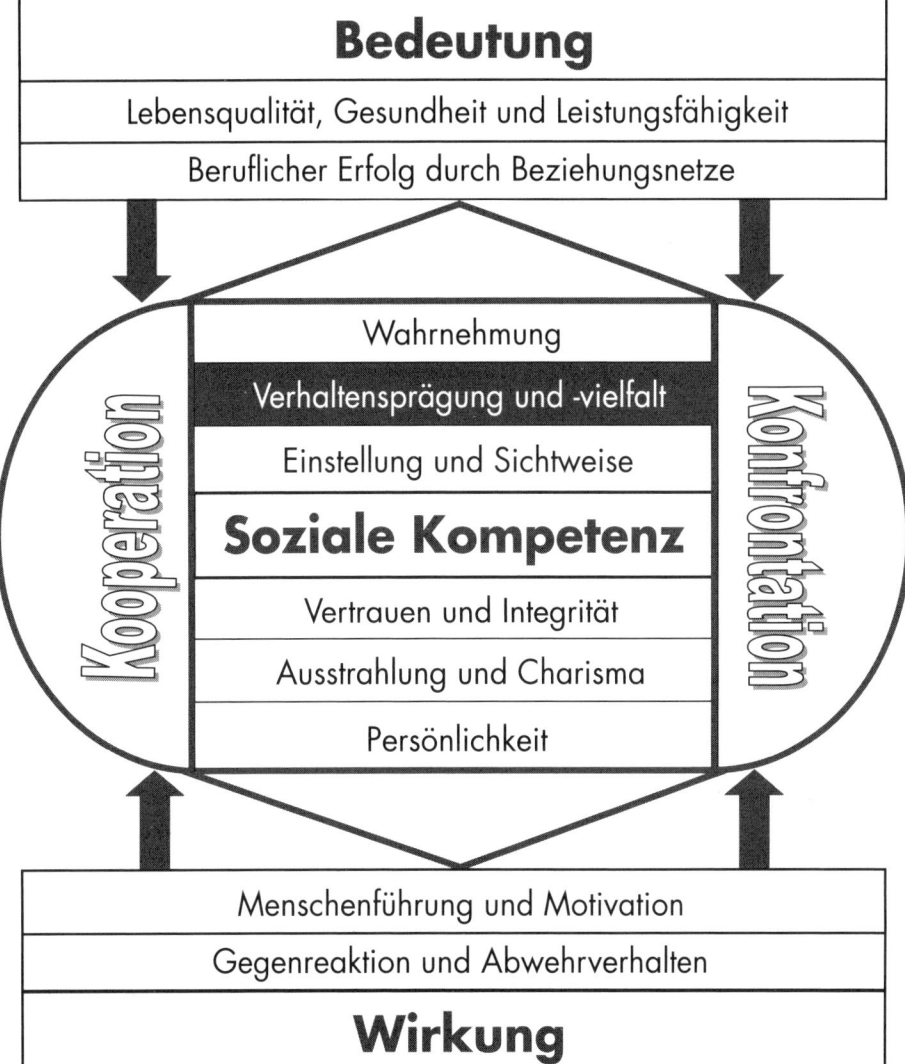

2.2 Verhaltensprägung und -vielfalt

„Das Sein bestimmt das Bewußtsein."
– Karl Marx

Menschen sind so verschieden voneinander, daß beiderseitig vorhandener guter Wille zwar die unverzichtbare Basis für ein gutes Miteinander ist, für sich alleingenommen jedoch nicht ausreicht. Ob Menschen miteinander umgehen können, hängt zunächst von ihrer Prägung ab. Menschen mit ähnlichen Lebensgeschichten oder ähnlichem sozialen Hintergrund kommen leichter miteinander aus. Man sagt, sie sind „vom gleichen Schlag" oder „auf der gleichen Wellenlänge". Man findet beim anderen Erfahrungen wieder, die man selbst auch gemacht hat, und empfindet Vertrautheit. Sportler gesellen sich am liebsten zu Sportlern, Wissenschaftler zu Wissenschaftlern, Mediziner zu Medizinern, Unternehmer zu Unternehmern, Handwerker zu Handwerkern, Studenten zu Studenten usw. Unter seinesgleichen fühlt man sich wohl. Man weiß, wie man dran ist und wie man sich verhält. Normen und Verhaltensregeln sind zwar unausgesprochen, aber jedem intuitiv bekannt. Derartige Prägungen spielen auch eine Rolle in Vereinen und Clubs. Im Country-Club findet man anders geprägte Menschen als im Manta-Club und im Geflügelzüchterverein andere als im Kegelclub.

Gruppenzugehörigkeit ist für Menschen von großer Bedeutung, weil sie sich dadurch selbst definieren. Sich als selbständiger Unternehmer zu definieren bringt ein anderes Lebensgefühl mit sich, als sich selbst als Angestellten zu sehen. Wie weitreichend dieses Gruppenzugehörigkeitsgefühl sein kann, haben Untersuchungen gezeigt, deren Ergebnisse offenlegten, daß beispielsweise Führungskräfte bevorzugt Absolventen der gleichen Universität einstellen, die sie selbst auch besucht haben, unabhängig davon, ob diese Universitäten einen besonders guten oder einen weniger guten Ruf genießen. Absolvent der gleichen Universität zu sein erweckt über ein gewisses Gruppenzugehörigkeitsgefühl Sympathie für den jeweiligen Bewerber. Gerade bei personalverantwortlichen Führungskräften, die solche Effekte kennen sollten, ist es überraschend, daß sie dennoch deren Auswirkungen erliegen.

Persönliche Prägung

Wie wir uns anderen gegenüber verhalten, hängt ganz wesentlich von unserer eigenen Lebensgeschichte ab, in der wir erfahren haben, welche Verhaltensweisen erfolgversprechend sind und welche nicht. Durch unzählige Wiederholungen ähnlicher Situationen haben wir relativ feste Verhaltensmuster entwickelt. Konditionierungen, die durch verschiedene Formen von Belohnung und Bestrafung, man könnte auch sagen: positivem oder negativem Feedback, entstanden sind.

Im Kindesalter lernen wir, was gut und was schlecht ist, was wir dürfen und was nicht. Unsere Umwelt vermittelt uns Werte und Normen, nach denen wir uns zu richten beginnen. „Hunde tritt man nicht!", „Mit Essen spielt man nicht!", „Stehlen ist Sünde!" sind Anweisungen, die uns einen Verhaltensrahmen geben, ebenso wie Aussagen und nonverbale Hinweise bezüglich Lebenseinstellungen, Gefühlen und Ansichten. Als Kinder übernehmen wir zunächst die Perspektiven unserer Eltern, ohne darüber nachzudenken, und akzeptieren sie, ohne sie zu bewerten. Wir sehen die Lebensweisen und Ansichten unserer Eltern als normal an, auch wenn sie noch so ungewöhnlich sind, weil wir keine anderen kennen. „Schule ist gut für dich!", „Politiker sind Ganoven!", „Ohne Fleiß kein Preis". Erst später sind wir in der Lage, diese Aussagen selbst einzuordnen und festzustellen, daß beispielsweise nicht alle Politiker Ganoven sind oder daß die Aussage generell falsch ist. Was allerdings bleibt, ist ein Fundament an Lebenseinstellungen als Basis für den Start in unser späteres Leben. Zwar entwickeln wir uns weiter und verändern uns, aber diese Basis bleibt. Jean Paul hat dazu gesagt: „Ein Kind lernt von seiner Amme mehr denn ein Weltensegler von allen Weltmeeren zusammen."

Die Lebenseinstellungen, die wir im Laufe unseres Lebens entwickeln, sind allerdings veränderbar. Mit jeder Erfahrung lernen wir dazu, ersetzen alte Erkenntnisse durch neue und passen uns durch diese Veränderungen an die Erfordernisse unseres Lebens und an die Realität an. So werden wir durch unsere Umwelt beeinflußt und individuell geprägt. Neben diesen individuellen Konditionierungen gibt es auch Automatismen, die nicht nur auf unsere eigene Entwicklungsgeschichte zurückzuführen sind, sondern bereits in unseren Erbanlagen programmiert sind. Ob nun Erziehung oder Genetik einen stärkeren Einfluß auf das menschliche Verhalten ausübt, darüber sind sich Wissenschaftler nach wie vor uneinig. Aber klar ist, daß sich der Mensch, evolutionsgeschichtlich betrachtet, kaum von den Menschen unterscheidet, die vor zwei- oder dreitausend Jahren gelebt haben.

Unsere Erfahrungen und die daraus resultierenden Einstellungen und Verhaltensweisen kann man mit der Software eines Computers vergleichen, während unser Gehirn und unser Körper mit der Hardware vergleichbar sind. Nun wissen wir alle, daß gewisse Systemvoraussetzungen der Hardware notwendig sind, damit die Software gut läuft. Während unsere Software von Tag zu Tag ergänzt und umgeschrieben wird, ist unsere Hardware jedoch ein Resultat von Millionen Jahren von Evolution.

Manche der Auswirkungen unserer evolutionsgeschichtlichen Vergangenheit sind heute noch sichtbar. So tragen wir noch die Reste eines Haarkleides, obwohl es seit Jahrhunderten Kleidung gibt, die uns in ausreichendem Maße schützt und wärmt. In unserer Embryonalentwicklung spiegelt sich die Entstehungsgeschichte der Menschen. *Wenn Sie sich die bisherige Erdgeschichte in ein Jahr gepreßt vorstellen würden, dann ist der Dinosaurier am 24. Dezember erschienen und am 28. Dezember wieder verschwunden. Der Mensch selbst taucht erst am 31. Dezember gegen 21 Uhr abends auf und hat um eine Minute vor Mitternacht gerade erst den Ackerbau erfunden. Die Erfindung des Automobils ist noch keine Zehntelsekunde alt* (vgl. Sagan 1978). In einem Biologiebuch findet sich folgende Anmerkung: „Es gibt auf der Erde 193 Affenarten. Eine davon ist nackt und hat eine aufwendige Fortbewegungsart: Sie schleppt meist eine Tonne Blech mit sich herum."

Neben diesen sichtbaren Spuren der Vergangenheit gibt es auch weniger sichtbare, und zwar in unserem Verhalten. Besonders deutlich zeigt sich dies bei den Verhaltensweisen der Partnersuche und an Reaktionen im Konfliktfall. Die meisten dieser Reaktionen entstehen nicht aus vorher angestellten und sorgfältig durchdachten Überlegungen, sondern sind reflexartige Reiz-Reaktions-Muster, die automatisch ablaufen. Das heißt nicht unbedingt, daß wir wie Tiere nur das tun, wozu unsere biologischen Instinkte uns drängen. Aber es verdeutlicht, daß ein solcher Anteil in uns ist, der beträchtlichen Einfluß auf uns ausübt. Allerdings verdrängen wir das gerne und wollen in unserem modernen Bewußtsein nicht mit der Trivialität unserer biologischen Herkunft konfrontiert werden. Interessante Abhandlungen zu diesem Thema finden sich u.a. in dem Buch „Der nackte Affe" von Desmond Morris.

Wie unsere stammgeschichtliche Vergangenheit den Rahmen und somit auch die Bedingungen für unser Handeln vorgibt, wird im nächsten Abschnitt verdeutlicht.

Verhaltensprägung aufgrund unserer Gehirnstruktur

Neurobiologen und Gehirnforscher gehen davon aus, daß jedes Lebewesen seine Fähigkeiten der Evolution, einem seit Millionen Jahren dauerndem Werdegang, verdankt, in dessen Verlauf sich die Organismen an die Gegebenheiten ihrer Umwelt angepaßt haben. Eine dominante Rolle spielt dabei die Struktur unseres Gehirns. Aktuelle Erkenntnisse dazu sollen hier kurz geschildert werden, da sie die Grundlage unseres Verhaltens erklären.

Unser Gehirn ist das Ergebnis von Tausenden von Jahren Evolution. In seiner Entwicklung hat es an Größe ständig zugenommen. Man unterscheidet im wesentlichen drei Teile, die nacheinander entstanden sind: Stammhirn, Zwischenhirn und Großhirn.

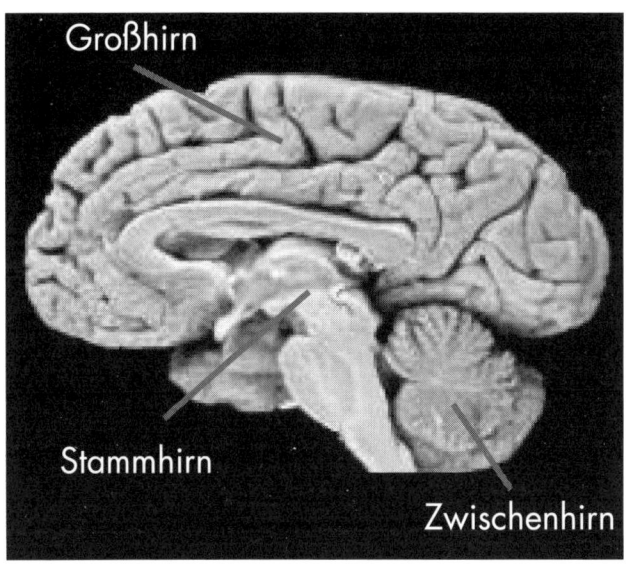

Abb. 9: Das menschliche Gehirn

Das Stammhirn

Das Stammhirn, der älteste Teil, ist vor ca. 400 Millionen Jahren entstanden und liegt am oberen Ende unseres Rückenmarks. Es wird auch Reptiliengehirn genannt, weil es sich in seiner Funktion von dem Gehirn eines Reptils kaum unterscheidet. Es hat sich zu einer Zeit entwickelt, als es in einer „Freßgesellschaft" vor allem um Nahrungssuche, Überleben und Fortpflanzung ging. Dieses Hirn beherbergt unsere Instinkte, durch Reiz-Reaktions-Folgen gesteuerte Lebensprozesse mit der Umwelt. Es ist zuständig für genetisch vorprogrammierte Abläufe, wie Atmung, Stoffwechsel und stereotype Bewegungsfolgen. Auch heute noch strebt es danach, wie vor Millionen von Jahren, bewährten Pfaden zu folgen und feste Ordnungen durch starre Rituale zu sichern. Aus diesem Teil unseres Gehirns entspringt unser Wunsch nach Sicherheit, Kontinuität und eigenem Territorium.

Immer dann, wenn die Bedürfnisse dieses Teils gefährdet werden, reagiert das „Reptil" in uns. Es schaltet auf „Alarm", und der bekannte Kampf- oder Flucht-Mechanismus wird in Gang gesetzt. Eine Aktivierung des Stammhirns setzt Hormone frei, die unsere Nervenbahnen aktivieren und andere Teile unseres Gehirns blockieren.

Nehmen wir an, Sie fassen aus Versehen auf eine heiße Herdplatte. Dann können Sie dankbar dafür sein, daß Sie das Stammhirn haben, denn es löst den Reflex aus, die Hand wegzuziehen, ohne vorher nachzudenken – ein automatischer Fluchtmechanismus, der Ihren Körper vor größerem Schaden zu bewahren vermag. Müßten Sie zuerst die bewußte Entscheidung treffen, ob es sinnvoll ist, die Hand wegzuziehen, dann wäre eine Brandverletzung nicht zu vermeiden.

In solchen Situationen ist dieser Reflex sehr angebracht und durchaus zeitgemäß. Leider gilt dies nicht für alle unsere Stammhirn-Reflexe. Dieser Teil unseres Gehirns steht auch mit Territorialansprüchen in Zusammenhang und reagiert sogar dann, wenn es klüger wäre, nicht zu reagieren. Dabei kann uns durchaus bewußt sein, daß eigentlich keine Gefahr besteht. Da dieser Teil unseres Gehirns aber unserem Bewußtsein vorgeschaltet ist, reagiert er, bevor das Bewußtsein eingreifen kann. Nehmen wir an, Sie arbeiten mit einen Kollegen zusammen, den Sie nicht besonders mögen. Sie sind aber auf ihn angewiesen, da er der anerkannte Experte für seinen Bereich ist. Sie versuchen, diesem Menschen möglichst aus dem Weg zu gehen und die Treffen mit ihm auf das absolut notwendige Minimum zu beschränken. Dieser muß aber vielleicht eines Tages dringend ein berufliches Problem mit Ihnen besprechen und kommt zu Ihnen ins Büro. Allein die Tatsache, daß er unangemeldet in Ihr Büro kommt, also in Ihr Territorium eindringt, kann in Ihnen unbewußt „Alarm" auslösen. Auch dann, wenn es beruflich berechtigt ist, daß er zu Ihnen kommt. Zunächst spüren Sie vielleicht nur, daß seine Anwesenheit Ihnen leicht unangenehm ist, aber bei der kleinsten Meinungsverschiedenheit reagieren Sie plötzlich unangemessen gereizt und machen eine Bemerkung, die Sie besser nicht gemacht hätten. Später wissen Sie gar nicht mehr, was eigentlich in Sie gefahren ist und warum Sie so heftig reagiert haben. Ihr Großhirn setzt ein und bereut, was Ihr Stammhirn angestellt hat.

Solche oder ähnliche Situationen gibt es in Unternehmen tagtäglich. So etwas ist ganz natürlich und kann selbst dem versiertesten Manager passieren. In den oberen Etagen ist der Zutritt zum Territorium des jeweiligen Vorgesetzten sogar institutionell durch eine oder mehrere Sekretärinnen bewacht. Wenn überhaupt, dann ist es nur wenigen Personen gestattet, ohne Anmeldung einzutreten, alle anderen müssen mittels Termin um Zutrittsrecht fragen. Sicher geht es auch darum, daß der Vorgesetzte in Ruhe arbeiten kann, aber sollten nicht auch andere bzw. alle Mitarbeiter in Ruhe arbeiten können? Und wenn es nur um die Arbeitsruhe ginge, warum ist dann die Bürogröße, also die Territorialfläche, von so großer Bedeutung? Weil es sich dabei vor allem um Statussymbole handelt!

Statussymbole sind für uns so wichtig, weil sie die Sicherung eines erworbenen Territoriums erleichtern. Das Verlangen nach einem eigenen Territorium und dessen Erhaltung hat sich seit Tausenden von Jahren nicht verändert. Es ist im Kern ein und dasselbe Verlangen, das uns Häuser bauen läßt, das uns Grundstücke und Eigentumswohnungen kaufen läßt, und uns dazu bewegt, unseren eigenen Schreibtisch, unser eigenes, möglichst großes Büro und unsere eigenen Statussymbole haben zu wollen. Dieses Verlangen ist sehr egoistisch geprägt, stößt aber dort an seine Grenze, wo uns dieser Egoismus von anderen Menschen trennt oder uns aus der Gemeinschaft ausschließt. Statussymbole sind zwar dazu da, uns von anderen abzuheben und zu zeigen, wieviel wir „wert" oder wie „wichtig" wir sind. Sie dienen aber auch gleichzeitig dazu, zu zeigen, welche Rolle wir innerhalb einer Gemeinschaft spielen. Status macht nur im Zusammenhang mit Gemeinschaft Sinn, sonst wäre er unnütz.

Da diese Zusammenhänge auf grundlegende Gegebenheiten unserer Gehirnorganisation zurückzuführen sind, die allen Menschen dieser Erde gemeinsam sind, kann man diese Gegebenheiten sowohl bei kultivierten und zivilisierten Völkern als auch bei Naturvölkern und wilden Stämmen wiederfinden. In einem Vergleich zwischen Strukturen von wilden Stämmen und den von Großunternehmen wie IBM und Xerox schildert Michael Page (1972) in seinem Buch „Managen wie die Wilden" zahlreiche Parallelen. Dabei bezieht er sich vor allem auf objektiv beobachtbare Meßgrößen. Er beschreibt beispielsweise, in welchem Maße Lage und Größe von Hütten der Lage und Größe von Büros entspricht. Je nach hierarchischer Position werden diese zunehmend größer, sind zentraler gelegen, also in der Mitte einer Stammessiedlung bzw. in der Mitte eines Unternehmensgeländes, und je nach geographischer Gegebenheit auch erhöht, also auf einem Hügel bzw. in einem höherem Stockwerk.

Ähnlich verblüffende Übereinstimmungen fand er auch bei der Art und Weise, wie Betriebsversammlungen bzw. Stammesversammlungen organisiert werden, wie und mit wie vielen Personen gereist wird, wie Mitarbeiter oder Stammesmitglieder geführt werden, welche Rollenverteilungen es innerhalb des Stammes oder des Unternehmens gibt und sogar, welche politischen Entscheidungen in beiden Strukturen jeweils ähnliche Folgen haben.

Da es seiner Aussage nach höchst unwahrscheinlich ist, daß zwischen diesen wilden Stämmen und den betrachteten Unternehmen sozialer Austausch in irgendeiner Form stattgefunden hat, führt er diese erstaunlichen Übereinstimmungen auf die Auswirkungen unserer gemeinsamen menschlichen Gehirnstruktur und deren unbewußte Wirkung auf unser Handeln zurück. Unterschiede werden dann wiederum deutlich, wenn man stärker ins Detail geht. Primitive Hütten aus Holz sind mit modernen klimatisierten Unternehmensgebäuden natürlich nicht vergleichbar. Es geht aber darum, die Zusammenhänge zu erkennen, um zu verstehen, weshalb bestimmte Entscheidungen logisch manchmal nicht nachvollziehbar sind.

Neben diesen unbewußten Einflüssen auf unser Verhalten und unsere Entscheidungen gibt es auch Einflüsse, die uns durchaus bewußt sein können. Emotionen, Stimmungen, Sympathie und Antipathie anderen gegenüber beeinflussen unser Zusammenarbeiten ebenfalls sehr stark. Dabei steht unser Stammhirn in Wechselwirkung mit anderen Teilen unseres Gehirns.

In unseren Unternehmen wird heute als professionelle Berufseinstellung die Bereitschaft vorausgesetzt, auch mit Menschen zusammenzuarbeiten, die wir nicht mögen. In der Regel werden Teams ausschließlich nach der Qualifikation der Mitglieder zusammengestellt – alles andere hat zu funktionieren, weil jeder „professionell" genug ist, auch ohne bestehende Sympathiebeziehungen mit anderen zusammenzuarbeiten. Auch viele Bewerber leisten sich nicht mehr den Luxus, Kollegen danach auszuwählen, ob man gerne mit ihnen zusammenarbeiten möchte. Man will mit den besten im jeweiligen Fach zusammenarbeiten und vor allem erfolgreich sein. Alles wird sehr distanziert betrachtet und diesen Zielen untergeordnet, nach dem Motto: „Der Zweck heiligt die Mittel." Leider werden die Gegebenheiten unserer Natur als Mensch, wie oben beschrieben, und die dadurch bedingten Folgen nicht berücksichtigt, wie z.B. Mobbing, unausgesprochene Dauerkonflikte, Intrigen und Verleumdungen.

In den wenigsten Großunternehmen ist es heute üblich, einen neuen Bewerber direkt von der Fachabteilung selbst auswählen zu lassen. Was in kleinen und mittelständischen Betrieben zur Chefsache erklärt wird, wird in Großunternehmen delegiert. Da die Auswahl der richtigen Mitarbeiter sehr schwierig und zeitaufwendig ist, ist es sehr angenehm für die Fachabteilung, diese Aufgabe der Personalabteilung zu überlassen. Dies hat jedoch den Nachteil, daß der Personalabteilung auch schnell die Schuld gegeben werden kann, wenn man mit dem neuen Mitarbeiter nicht so gut klarkommt. Schließlich hat man ihn ja nicht selbst ausgewählt. In diesem Fall nämlich müßte man sich mehr Mühe mit dem neuen Mitarbeiter geben, um sich den eigenen Fehler, vielleicht den Falschen eingestellt zu haben, nicht eingestehen zu müssen.

Die Delegation solcher Aufgaben ist äußerst problematisch, weil es zunächst so erscheint, als wäre dies ein guter und effektiver Weg. Langfristig ist dies als absolut unproduktiv und uneffektiv zu bewerten, weil Mitarbeiter auf diese Weise langsamer in den Arbeitsprozeß eingebunden werden, länger brauchen, bis sie sich zurechtgefunden und ein soziales Netz geknüpft haben, mehr Konflikte bewältigen müssen und schneller kündigen. Ein Mitarbeiter, der direkt von der Fachabteilung ausgewählt wurde, fühlt sich auserwählt und dadurch von der Fachabteilung von Anfang an akzeptiert. Er wird sich in einem gewissen Maß verpflichtet fühlen, das Vertrauen, das man in ihn gesetzt hat, nicht zu enttäuschen. Jemand, der der Fachabteilung von der Personalabteilung „aufgedrückt" wird, hat es ungemein schwerer, sich zu integrieren, motiviert zu arbeiten und möglichst bald auch produktiv zu werden.

Unser Stammhirn ist es, das uns dabei behindert, mit anderen reibungslos zusammenzuarbeiten. Es ist der Grund dafür, warum wir immer wieder dazu tendieren, unser Territorium abzustecken und „Eindringlinge" abwehren, auch wenn wir wissen, daß diese „Eindringlinge" neue Mitarbeiter sind, die uns dabei helfen, die Arbeit besser zu erledigen. Es neigt immer zu dem Gefühl, daß uns „Fremde" etwas streitig machen wollen, und versucht, unser Territorium abzusichern. Obwohl wir wissen, daß alle

Beteiligten von einer guten Zusammenarbeit profitieren könnten, stehen wir uns deshalb oft selbst im Weg. Nur wenn wir selbst es sind, die andere in dieses Territorium einladen, können wir diesen Effekt abschwächen. Die Auswahl von Mitarbeitern ist deshalb Sache der Fachabteilung! Es ist die Aufgabe des Chefs und der Mitarbeiter, mit denen die neuen Mitarbeiter später zusammenarbeiten. Gegen eine Vorauswahl durch die Personalabteilung ist nichts einzuwenden.

Wie wichtig es ist, daß die Mitglieder eines Teams miteinander klarkommen, zeigt, was passiert, wenn dies nicht der Fall ist. Statt sich auf die gemeinsame Lösung der Probleme zu konzentrieren, herrscht Selbstbezogenheit, Egoismus und Ellbogenmentalität. Keiner gönnt dem anderen etwas, und von gegenseitiger Unterstützung fehlt jede Spur.

Häufig ist es besser, Teams zu haben, in denen nicht die führenden Experten jeder Disziplin sitzen, sondern Mitglieder, die „lediglich" gut qualifiziert sind, aber hervorragend zusammenarbeiten können. Dies läßt sich sehr gut im Sport beobachten. Eine Fußballmannschaft ist im wesentlichen den gleichen Gesetzmäßigkeiten unterworfen wie ein Team von Mitarbeitern in einem Unternehmen. Es gewinnen nicht immer die bestbezahlten Stars; sehr oft gewinnt die Mannschaft, deren Mitglieder als Einzelspieler nicht besonders aufgefallen sind, aber die als Team unschlagbar gut zusammen spielen. Das Ganze ist eben doch mehr als die Summe seiner Einzelteile. Genauso verhält es sich mit der Belegschaft eines gesamten Unternehmens. Wenn wir es zulassen, daß wir uns nach den Regeln unseres Stammhirns verhalten, dann herrscht Einzelkämpfertum und Isoliertheit. Die Unternehmen, die es schaffen, durch eine Kultur der Gemeinschaft mit einer Art „Wir-Gefühl" die Barriere der Isolation zwischen den Mitarbeitern zu überwinden, werden einen besseren Informationsfluß, eine reibungslose Kommunikation und engere Zusammenarbeit der Mitarbeiter untereinander erzielen. Sie werden somit flexibler, schneller und homogener auf Marktveränderungen und Marktchancen reagieren können.

Wie oben behandelt, liegt es in der Natur des Menschen, eine Art Territorium zu beanspruchen. Dieser Territorialanspruch wurde im Laufe der Evolution hervorgebracht und ist beim Menschen im wesentlichen genauso ausgeprägt wie bei Tieren. Hunde reagieren auf das ungebetene Eindringen in ihr Territorium ebenso aggressiv wie Raubkatzen oder Schlangen. Während bei Tieren diese Reaktionen meist räumlich gebunden sind, ist das beim Menschen hingegen nicht zwangsläufig der Fall. Beim Menschen kann auch ein Eindringen in sein psychologisches Territorium Aggressivität auslösen.

Ein Forscher, der sein ganzes Leben seinen Studien und Forschungen widmet, baut sein psychologisches Territorium aus der Masse seines Wissens über sein Fach auf. Zweifelt jemand dieses Wissen an oder behauptet, seine Methoden seien nicht mehr modern oder sogar falsch, so wird sich der Betroffene mit Sicherheit angegriffen fühlen und versuchen, sein Wissen bzw. sein „geistiges Territorium" zu verteidigen. Ebenso verhält es sich mit wohldefinierten Verantwortungsbereichen, vermeintlichem Expertenstatus oder speziellen Wissensgebieten, die von ihren Besitzern hartnäckig verteidigt werden.

Entsprechendes ist auch bei Politikern zu beobachten. Oft wird eine Rede der gegnerischen Partei als bloßer politischer Angriff gesehen und entsprechend abgelehnt, obwohl diese objektiv betrachtet tatsächlich ein konstruktiver Beitrag war und zu einer Lösung hätte beitragen können. Wäre die gleiche Rede von einem Mandatsträger der eigenen Partei vorgetragen worden, wäre man wahrscheinlich stolz auf die geschliffenen Formulierungen und die kreativen Ideen. Aber allein die Tatsache, daß die Rede von einem Angehörigen der gegnerischen Partei gehalten wurde, löst Territorialverhalten aus.

Solchen Automatismen gegenüber distanziert bleiben zu können erfordert ein enormes Maß an Lebenserfahrung und ist sehr schwierig, weil sie unbewußt ausgelöst werden. Die Tatsachen sprechen für sich. Menschen sind keine durchweg von der Vernunft geleiteten Wesen, sondern ihrer Vergangenheit verhaftet. Hier einige Beispiele (vgl. Häusel 2000):

Die Kriege der Welt: Seit Urzeiten führen Menschen gegen Menschen Kriege. Die Zahl der Kriege hat sich zwischen 1900 und 2000 im Vergleich zum Jahrhundert davor mehr als verdoppelt. Die Zahl der Kriegstoten verzehnfachte sich sogar von 6 Millionen auf rund 60 Millionen Menschen.

Die Kriege im Unternehmen: Wie Studien bestätigen, ist in 70 Prozent aller Vorstandsetagen die Zusammenarbeit von Konkurrenzkampf und Mißtrauen geprägt. Über 60 Prozent aller Mitarbeiter klagen über die mangelhafte Kooperationsbereitschaft von Kollegen und anderen Abteilungen. Fast alle Topmanager räumen hinter vorgehaltener Hand ein, daß sie über die Hälfte ihrer Zeit damit verbringen, ihren Posten gegen Konkurrenten abzusichern.

Das Beharren im Gewohnten: 60 bis 70 Prozent aller Veränderungsprozesse in Unternehmen scheitern oder bringen nicht den versprochenen Erfolg. Hauptgrund ist die mangelnde Akzeptanz des Wandels und Widerstände aller Art dagegen – bei Führungskräften wie Mitarbeitern. Und das auch dann, wenn die Beteiligten wissen, daß sie mit ihrem Verhalten dem Unternehmen und damit letztlich auch sich selbst schaden.

Die Unvernunft im Alltag: Vieles an unserem alltäglichen Verhalten ist verwunderlich. Warum geben Menschen für Tabak und Alkohol jährlich mehr Geld aus als für Arzneimittel? Müssen wir jeden Tag vor hirnlosen TV-Seifenopern sitzen oder in die Luft springen, wenn die eigene Fußballmannschaft gewinnt?

Dies alles sind Verhaltensweisen, die tief in unserer Gehirnstruktur verwurzelt sind.

Das Zwischenhirn

Der zweite Teil unseres Gehirns, das Zwischenhirn, welches sich über das Stammhirn wölbt, hat sich vor ca. 150 Millionen Jahren bei den frühen Säugetieren entwickelt. Anders als bei den Reptilien, die Einzelgänger waren, entwickelte sich bei den Säugetieren die Neigung heraus, in Gruppen zu jagen. Die Bildung von Gruppen erhöhte nicht nur den Jagderfolg, sie brachte auch Vorteile bei der Bewältigung von Gefahren und Bedrohungen. Damit einher ging allerdings die Anforderung, die Gruppe in irgendeiner Art und Weise zu organisieren und innerhalb dieser meist hierarchisch strukturierten Jagdgesellschaft die Fähigkeit zur kämpferischen Selbstbehauptung zu entwickeln.

Den Instinkten des Stammhirns werden erlebte Instinkte hinzugefügt – die Emotionen. Sie konnten das Überleben besser sichern als bloße Instinkte. Angst, Aggression, Wut, Zorn, Unlust, Freude und Glücksgefühle entstanden. Verantwortlich für das Entstehen dieser Emotionen war vor allem der Geruchssinn, der Gefahr rechtzeitig ankündigte. So wurden aus reflexartigen Instinkten erlebbare Gefühle. Auch heute noch sagen wir, daß wir jemanden nicht riechen können, wenn wir jemanden nicht mögen. Oder wir verwenden bewußt Parfüm zur Steigerung unserer sexuellen Attraktivität. Beschnuppern ist in der Tierwelt ein gängiges Ritual der Partnerwahl.

Der Geruch machte es möglich zu erkennen, ob etwas bedrohlich oder sexuell attraktiv ist. Über diesen Zusammenhang hat sich auch das Gedächtnis entwickelt. So konnten Menschen zum ersten Mal lernen, Geruch mit verschiedenen Situationen in Zusammenhang zu bringen, deren Bedeutung erfassen bzw. erinnern.

Beim Zusammenleben in Gruppen hat das Äußern von Gefühlen dazu beigetragen, die Gruppe zu organisieren – gerade beim Jagen eine Voraussetzung für den gemeinsamen Erfolg. Geäußerte Gefühle wurden zu überlebensnotwendigen sozialen Signalen. Sozialisierung wurde zur überlebenssichernden organisatorischen Notwendigkeit.

In dieser Phase hat sich die Bereitschaft ausgebildet, sich in eine Gruppe einzufügen, weil es für Menschen wichtig wurde, soziale Beziehungen einzugehen, um möglichst gut zu überleben. Der Umgang miteinander wurde lebensbestimmend. Rivalitäten untereinander beeinträchtigten die Gruppenkoordination beim Jagen und somit den Jagderfolg. Rivalitätskämpfe wurden deshalb nicht selten mit der Verstoßung aus der Gruppe bestraft. Dies hatte für den Verlierer meist den Tod zur Folge. Später wurden

heftige Rivalitätskämpfe durch symbolische Drohgebärden – wie sie schon bei Schim-
pansen zu beobachten sind – ersetzt, um die Überlebensstärke der Gruppe nicht zu gefährden.

Daraus hat sich Achtung vor stärkeren Individuen und deren Fähigkeiten entwickelt,
auch ohne mit diesen auf Leben und Tod zu kämpfen. So ist im Sinne des eigenen
Überlebens die Bereitschaft der Menschen entstanden, sich von anderen führen zu lassen und sich stärkeren Individuen anzuschließen und gegebenenfalls zu unterwerfen,
anstatt die Gruppe zu verlassen. Hierarchie als Organisationsform war geeignet, weil
sie es vermied, daß Energie, die für die Jagd benötigt wurde, für Rivalitätskämpfe ver-
schwendet wurde.

Jahrtausendelang haben sich die Stärksten und Fähigsten als Führer von Gruppen
durchgesetzt. Da der Zugang zu Nahrung, den die Gruppenführer bestimmten, das
entscheidende Kriterium für die Entwicklung körperlicher Kräfte war, wurden meist
auch die Nachkommen der Anführer zu den stärksten Individuen und somit wieder
zu Gruppenführern. Über Jahrtausende hinweg haben sich durch diesen Kreislauf
Herrschergeschlechter und Königshäuser herausgebildet. Es entstand das Geburts-
recht, das wiederum zur Folge hatte, daß auch solche Leute zu Herrschern werden
konnten, die von Geburt schwach und eigentlich nicht für diese Rolle geeignet waren,
aber genügend Macht und politische Mittel hatten, sich ihrer Feinde zu erwehren.

Gruppenidentifikation hat sich ebenfalls in dieser Zeit entwickelt. Erkennungszei-
chen und Gruppenmerkmale machten deutlich, wer zu welcher Gruppe gehörte.
Hymnen, Wappen, Fahnen, Kleidung, Sprache, selbst Verhaltensweisen symbolisie-
ren das noch heute. Auch hier findet sich das Thema Statussymbole wieder.

Fremde Gruppen wurden als Feinde wahrgenommen, und es entstanden Rivalitäts-
und Territorialkämpfe. Noch heute definieren wir uns nicht nur über unsere eigenen
Fähigkeiten, sondern über Gruppenzugehörigkeit und vor allem über unsere Rolle innerhalb einer Gruppe. Wir leiten daraus Selbstwertgefühl, Identität und soziale
Orientierung ab. Dabei ist der Wunsch nach diesem Gruppengefühl in uns so stark,
daß eine solche Identifikation nicht unbedingt ein Unternehmen, einen Verein oder
einen Club betreffen muß, sondern auch rein psychologisch erfolgen kann. So zählt
man sich zur Gruppe der „Nichtraucher", obwohl es eine solche Gruppe in physischer
Form nicht gibt.

Bei der Identifikation mit einer Gruppe geht es nicht nur darum, welche Rolle man
darin spielt, sondern auch, wie groß diese Gruppe ist. Mit zunehmender Gruppengrö-
ße sinkt die durchschnittliche Bedeutung, die man innerhalb dieser Gruppe ein-
nimmt. Wer persönliche Identifikation sucht, ist in einer kleineren Gruppe, sprich in
einem kleineren Unternehmen, besser aufgehoben als in einem großen. Wer Image

und Außenwirkung sucht, sollte zu einem Großkonzern gehen, muß sich dort aber auf interne Gruppenkonflikte und Identifikationsverluste einstellen.

Die Notwendigkeit, sich in ein Team einzufügen, war damals die gleiche wie heute. Nur ist es heute in Zeiten von Megafusionen keine Seltenheit mehr, daß mehrere hunderttausend Mitarbeiter in einer „Gruppe" vereint sind. Mit dem Anwachsen der Gruppenmitglieder sinkt automatisch die Transparenz, und die politische Dimension von Entscheidungen nimmt zu. Es entstehen viele kleine Untergruppen, die zum Teil konkurrierende Ziele verfolgen. Rivalität einzelner Abteilungen untereinander, Ressortdenken und Minderwertigkeitsgefühle des einzelnen nehmen mit zunehmender Mitarbeiterzahl zu und sind in Großunternehmen nahezu unvermeidbar. Deshalb ist es so essentiell wichtig, eine gemeinsame Unternehmensvision zu haben. Diese Problematik wird von vielen Vorständen unterschätzt. So zeigt es sich, daß ein Großteil der Fusionen, die durchgeführt werden, nicht die erhofften Ergebnisse erbringen. Obwohl sich rechnerisch scheinbar eindeutig darstellen läßt, welche Einsparungspotentiale und Synergieeffekte eine Fusion mit sich bringt, bleibt später nicht einmal ein Bruchteil dessen übrig, was kalkuliert war. Dies liegt nicht daran, daß die möglichen Potentiale nicht ausgeschöpft worden wären, sondern daran, daß plötzlich „unerwartete" und „unkalkulierbare" Gruppenkonflikte auftreten. „Plötzlich" gibt es Unstimmigkeiten unter den Führungskräften der beiden Unternehmen. Sie verweigern bewußt oder unbewußt eine kooperative Zusammenarbeit. Die Unternehmenskulturen passen nicht zusammen. Zwei unterschiedliche Gruppenmentalitäten stoßen aufeinander und beginnen, auf urzeitliche Weise miteinander zu rivalisieren.

Wenn es den Vorständen der fusionierten Unternehmen nicht gelingt, eine Unternehmensvision für die gemeinsame Zukunft zu entwickeln, welche für die Mitarbeiter beider Unternehmen anziehend und glaubhaft ist, dann wird es zwangsläufig zu Konflikten kommen – unabhängig davon, wie wirtschaftlich geschickt die Strategie der Unternehmensleitung ist.

Strategien, die stur auf finanzielle Ziele ausgerichtet sind, laufen unausweichlich in eine Sackgasse, denn hinter den finanziellen Zielen stehen die Menschen mit all ihren Emotionen, Sorgen und Ängsten. Nur finanzielle Belange zu beachten entspricht einer einseitigen und beschränkten Sichtweise. Eine Unternehmensstrategie, die das soziale System in einem Unternehmen nicht berücksichtigt, ist zum Scheitern verurteilt.

Nicht zu unterschätzen ist übrigens die Wirkung eines gemeinsamen Feindbildes als Vereinigungs- bzw. Solidaritätsgrund. Die Geschichte zeigt, daß es häufig Kriege waren, die Völker zu Verbündeten machten.

Das Großhirn

Das Großhirn ist der jüngste und gleichzeitig komplexeste Teil unseres Gehirns. Es ist „erst" vor ca. zehn Millionen Jahren entstanden und übertrifft das Stamm- und Zwischenhirn um ein Vielfaches an Volumen. Es wölbt sich in der Form von zwei großen Lappen über die anderen Teile unseres Gehirns, befindet sich im oberen Teil des Kopfes und erstreckt sich in unzähligen grauen Windungen vom Hinterkopf bis zur Stirn.

Während die anderen Teile unseres Gehirns die Umwelt im Grunde wie ein binärer Computer wahrnehmen und nach Freund-Feind-Kriterien unterscheiden, kann das Großhirn Informationen zu einem komplexen Bild zusammensetzten. Es besitzt die Anlagen, vorausschauend und abstrakt zu denken. Vorstellungsvermögen, Phantasie, Kreativität, die Fähigkeit zu planen, Erinnerungs- und Sprachvermögen sind Eigenschaften des Großhirns. Auch die Fähigkeit zur Symbolisierung in Wort, Schrift und Bild ist hier angesiedelt.

Die herausragende Eigenschaft des Großhirns besteht in seiner Bewußtseins- und Lernfähigkeit. So kann es aus verschiedenen Perspektiven zahlreiche Informationen miteinander kombinieren und unterschiedliche Sichtweisen und Orientierungsmuster entstehen lassen. Es ist dafür verantwortlich, daß es dem Menschen möglich war, sich über das Stadium des Jägers und Sammlers hinauszuentwickeln. Ackerbau und Viehzucht, verschiedenste Formen des Handels, Seefahrt, Industrialisierung, die Entwicklung des Automobils und des Flugzeuges sowie andere Formen von Forschung und Technik bis hin zum Internet hätten ohne diese Fähigkeiten unseres Großhirns nicht entstehen können. Es gibt uns die Möglichkeit, unser eigenes Tun und Denken zu reflektieren und unabhängig von unseren Instinkten sogar gegen unser Gefühl handeln zu können. Es macht es möglich, daß wir uns dazu überwinden können, Dinge zu tun, die wir nicht gerne tun, die uns aber in Zukunft von Vorteil sein können. So sind wir in der Lage, uns für ein Fehlverhalten zu entschuldigen, auch wenn uns dies unangenehm ist. Verzeihen und Vergeben sind genauso in höheren Sphären unseres Gehirns angesiedelt wie strategisches Planen oder logisches Denken.

Das Problem, warum wir häufig falsch reagieren oder dumme Dinge tun, obwohl wir ein so leistungsfähiges Großhirn haben, liegt daran, daß dieses Großhirn nicht unabhängig von den anderen beiden Teilen unseres Gehirns ist. Genaugenommen ist es diesen sogar untergeordnet. Alle Informationen, die wir aus unserer Umwelt aufnehmen, durchlaufen (sehr vereinfacht ausgedrückt) zuerst das Stammhirn, dann das Zwischenhirn und gelangen zuletzt in das Großhirn. Die beiden vorgeschalteten Gehirnteile wirken wie Filter und sind in der Lage, Reaktionen vorwegzunehmen, ohne daß das Großhirn Einfluß darauf hat. Wie am Beispiel des Reflexes bei Verbrennungsgefahr erwähnt, wird es einfach ausgeschaltet, wenn das Stammhirn eine Bedrohung für den Körper erkennt. Ebenso reagiert das Zwischenhirn. Nur „unbedenkliche" Informationen werden durchgelassen; auf Bedrohung wird sofort und unmittelbar reagiert.

Die drei Gehirnbereiche, die so unterschiedliche Entwicklungsstadien repräsentieren, geraten bei ihrem notwendigen Zusammenwirken – darüber herrscht unter Neurobiologen weitgehend Einigkeit – zwangsläufig miteinander in Konflikt. Nach Aussage dieser Forscher kann der Mensch nur dann in Harmonie mit sich und seiner Umwelt leben, wenn er auf die Bedürfnisse der „älteren Tiere" in sich Rücksicht nehme. Weil das Großhirn oft anderen Kriterien folgt als die der gemächlichen Gangart der Evolution verhafteten übrigen Gehirnbereiche, kommt es unausweichlich immer wieder zu ungewollten Reaktionen, unvorhergesehenen Hindernissen und unausweichlichen Konflikten.

Anhand eines (etwas vereinfachten) Beispiels läßt sich dies verdeutlichen: Wenn ein Mensch in einem bestimmten Zustand einer Datenmenge von z.B. 200 Bit, was in etwa einem Stadtspaziergang entspricht, ausgesetzt ist, dann reduziert die Kapazität des Stammhirns aufgrund seiner Filterfunktion aus der Urzeit diese Datenmenge in etwa auf zehn Bit, die wir bewußt wahrnehmen können. Dies erfolgt nicht nach logisch-rationalen Kriterien, sondern aufgrund evolutionsbedingter Programme. Das Zwischenhirn bewertet dann diese Impulse mit „gut/schlecht", „gefährlich/ungefährlich", um zu entscheiden, ob der Organismus seine Verteidigungsbereitschaft erhöhen muß. Diese vorgefilterten (also gewissermaßen mit einem „Vor-Urteil" versehenen) Informationen gelangen schließlich in das Großhirn, wo sie in unser bewußtes Erfahrungsmodell eingebaut werden. Zwar werden Hintergrundgeräusche, Lärm, Bewegungen und vieles mehr von unserem Gehirn aufgenommen, aber sie dringen nicht in unser Bewußtsein.

Die Informationen, die unser Bewußtsein erreichen, sind bereits von allen Teilen unseres Gehirns gefiltert, selektiert, zensiert und alles andere als „objektiv". Da unser Bewußtsein die letzte Stufe dieser Kette bildet, entsteht bei uns der Eindruck, daß wir die Welt „objektiv" wahrnehmen, obwohl dies nicht der Fall ist. Dies ist eine Erklärung dafür, warum wir leicht Irrtümern und Wahrnehmungsverzerrungen erliegen. Falsche Entscheidungen und unangemessene Verhaltensweisen entstehen deshalb häufig aufgrund der Tatsache, daß unser Instrument, mit dem wir die Welt verstehen, sprich unser Gehirn, nicht in der Lage ist, die Komplexität der Welt aufzunehmen und zu erfassen. Außerdem nimmt jeder Mensch andere Informationen auf. Deshalb kommt es auch so leicht zu Meinungsverschiedenheiten. Verschärft wird dies noch dadurch, daß Entscheidungen häufig unter Zeitdruck erfolgen, was das Sammeln und Prüfen von Informationen weiter erschwert. Wer von denjenigen, die zum Für oder Wider von Kernkraftwerken eine sehr eindeutige Meinung vertreten, kennt sich schon wirklich in der Materie aus? Wer kann sich genau auskennen? Hat ein „normaler" Bürger überhaupt die Chance, sich tiefgehend genug über die Dinge zu informieren, über die er bei Wahlen ein Urteil fällen soll?

Die Frage läßt sich noch verschärfen: Wie fundiert ist eigentlich das Wissen der Politiker, die über diese Dinge entscheiden? Um sich über Kernkraftwerke, Wiederaufbereitung von nuklearen Brennstäben, Asylprobleme, Steuerrechtsfragen, Rentenprobleme, Staatshaushalt, Verteidigung, Abtreibung oder geeignete Maßnahmen zur Bekämpfung von Krankheiten wirklich ein fundiertes Urteil bilden zu können, müßte man eigentlich Tag und Nacht lesen und studieren. Da wir nur über begrenzte Zeit und Aufnahmefähigkeit verfügen, muß man sich vor Augen halten, daß jede Entscheidung, die getroffen wird, unter erheblicher Unsicherheit getroffen wird, egal, wie sicher man sich dabei fühlt. Unser Gehirn blendet immer etwas aus und schränkt somit unausweichlich unsere Entscheidungsbasis ein. In je stärkerem Maße dies der Fall ist, desto wahrscheinlicher machen wir Fehler. Menschen, die mit einem hohen Grad an Selbstsicherheit auftreten, müssen auch über ein hohes Maß an Fehlertoleranz verfügen. Wer absolute Sicherheit braucht und nicht bereit ist, Fehler zu tolerieren, wer es also immer richtig machen will, anstatt sich auf die Unwägbarkeiten des Lebens einzulassen, der wird immer in Unsicherheit leben und sich sehr schwertun, Selbstsicherheit und Selbstbewußtsein zu entwickeln.

Welche paradoxen Entscheidungen und unlogische Handlungsweisen in komplexen Situationen entstehen, hat beispielsweise Dietrich Dörner (1989) anhand eines wirtschaftlichen Computerplanspiels näher untersucht. Dabei geht es darum, daß der Spieler als Bürgermeister von „Lohhausen", einer virtuellen Kleinstadt, versuchen soll, das Wohl dieser Stadt und seiner Bürger zu mehren. Er muß aus einer Vielzahl von möglichen Entscheidungen auswählen, ob er beispielsweise ein Krankenhaus, einen Kindergarten, eine Parkanlage oder eine Umgehungsstraße bauen lassen will. Er ist über einen Zeitraum von mehreren Perioden für den kompletten Ort und dessen Haushalt verantwortlich. Nach jeder Periode erfolgt eine Bestandsaufnahme, so daß zu erkennen ist, was gut und was schlecht gelaufen ist.

Anhand zahlreicher Versuchspersonen aus Politik und Wirtschaft zeigt Dörner auf, daß selbst das trainierte Gehirn solcher „Profis" in komplexen, vernetzten und dynamischen Handlungssituationen Fehler macht, allein schon deshalb, weil es dazu neigt, Informationen auszublenden und zu selektieren. Komplexität erzeugt Unsicherheit, und Unsicherheit erzeugt Angst. Vor dieser Angst wollen wir uns schützen, und darum blendet unser Gehirn all das Komplizierte, Undurchschaubare und Unberechenbare aus. Übrig bleibt ein Ausschnitt! Weil dieser Ausschnitt aber mit dem Ganzen nur relativ wenig zu tun hat, unterlaufen uns zwangsläufig Fehler, abgesehen von den Eigengesetzlichkeiten, die komplexe Phänomene zwangsläufig entwickeln.

Verhaltensvielfalt

Je nachdem, wie ein Mensch durch Geburt, Erziehung und persönliche Lebensgeschichte geprägt ist, kommt er besser oder schlechter mit anderen zurecht. Auf jeden Fall kommt er um so besser mit anderen aus, je breiter sein Verhaltensrepertoire ist. Ein Mensch mit kleinem Verhaltensrepertoire kommt nur mit wenigen Menschen zurecht, da er sich nur schwer anpassen und auf andere einstellen kann. Umgekehrt kommt jemand mit vielen Verhaltensvarianten auch mit vielen anderen gut zurecht. Welche Bedeutung und Folgen das Ausmaß des Verhaltensrepertoires hat, läßt sich anhand des folgenden Beispiels aus der Biologie verdeutlichen:

Das „Gesetz der erforderlichen Vielfalt", ursprünglich für die Computerwissenschaften formuliert (Ashby), findet auch in verhaltenswissenschaftlichen Untersuchungen von Tieren in Ökosystemen Anwendung. Es besagt, daß in einem sich wandelnden Ökosystem dasjenige Lebewesen die besten Überlebenschancen besitzt, das über die größte Verhaltensflexibilität, d.h. die beste Anpassungsfähigkeit an die Umwelt verfügt.

Die Grundaussage dieses Gesetzes läßt sich auf den Menschen übertragen. Auch wir leben in einem System – einem sich wandelnden sozialen System. Ständig begegnen wir unterschiedlichen sozialen Verhaltensnormen, die darüber hinaus rasanten Veränderungen unterliegen. Sämtliche Menschen in unserem Umfeld zeigen unterschiedliche Verhaltensweisen. Unsere Freunde sind anders als unsere Mitarbeiter, unsere Nachbarn anders als unsere Kunden, unsere Kinder anders als unsere Eltern. Zudem sind alle heute anders, als sie es gestern waren oder morgen sein werden. So kann es sein, daß ein Freund, der gestern noch fröhlich und nett zu uns war, heute aus irgendeinem Grund übellaunig und gereizt ist. Ein Kunde ist glücklich über unser Angebot, wohingegen ein anderer auf das gleiche Angebot ablehnend reagiert.

Darüber hinaus sind auch wir selbst täglich anders. Wir sind abhängig von Stimmungsschwankungen, Launen, positiven oder negativen Erlebnissen und vielen anderen Einflüssen. In einem sozial geprägten Umfeld wird deshalb derjenige Erfolg haben, der sich auf veränderte Umstände bzw. unterschiedliche Menschen und variierende Verhaltensweisen am schnellsten einstellen und damit umgehen kann. Noch deutlicher wird dies am Beispiel zwischenmenschlicher Kommunikation. Stellen Sie sich folgende Situation vor:

Ein Ehepaar gerät wegen irgendeiner Sache in einen Streit. Jeder von beiden ist der festen Überzeugung, daß er recht hat. Und jeder von den Partnern ist außerdem der Meinung, daß beide als Paar von der eigenen Lösung mehr profitieren als von der Lösung des anderen. Jeder versucht, den anderen von seiner Lösung möglichst geschickt zu überzeugen. Die Frau beginnt, indem sie gut gewählte Argumente ruhig und sachlich vorträgt. Der Mann läßt sich auf die sachliche Diskussion ein und hält mit seinen Argumenten dagegen. Sie sieht, daß sie damit ihr Ziel nicht erreichen kann, und fängt an, emotional zu reagieren. Er hält ebenfalls mit emotionalen Äußerungen dagegen. Nachdem er erkennt, daß er so nicht recht bekommt, wird er lautstark und versucht, das Gespräch schnell zu Ende zu bringen. Aber sie schreit zurück und akzeptiert sein Machtgehabe nicht. Diese Situation nutzt er und spielt den Beleidigten. Sie schmollt ebenfalls. Und so könnten sie noch weitere Stadien der Auseinandersetzung durchlaufen. Da sie aber immer noch der Meinung ist, sie müsse sich durchsetzen, reagiert sie mit einer Verhaltensweise, von der sie weiß, daß er nichts dagegensetzen wird. Sie weint!

In dieser Situation fühlt er sich schuldig, weil es ihm seine Rollenvorstellung des guten Ehemannes nicht gestattet, jetzt noch auf sein Recht zu pochen. Außerdem erlaubt er sich nicht, ebenfalls zu weinen. Männer weinen nicht! Weinen ist für ihn ein Zeichen von Schwäche und deshalb kein geeignetes Mittel, seinen Standpunkt zu vertreten. Da ihm nun keine weitere Verhaltensweise mehr zur Verfügung steht, um auf seine Frau angemessen zu reagieren, gibt er nach, und sie „gewinnt". Sie entscheidet also diesen Streit aufgrund der Tatsache für sich, daß er an einem bestimmten Punkt weniger Verhaltensflexibilität an den Tag legt als sie.

Greift die Frau nun aber zu oft zu dieser „Masche", bekommt der Mann die Chance, diese zu durchschauen und eine neue Verhaltensvariante zu entwickeln: nicht mehr darauf zu reagieren.

Dieses Beispiel soll deutlich machen, wie wichtig es ist, in zwischenmenschlichen Situationen über ausreichende Verhaltensflexibilität zu verfügen. Natürlich hängt es auch von den jeweiligen Lebensverhältnissen des Einzelnen ab, welche Bedeutung es hat, über ein großes Verhaltensrepertoire zu verfügen. Bei „Einzelkämpfern", die allein arbeiten, z.B. eine Computersoftware programmieren, ist es sicher nicht so wichtig, aber bei Führungskräften oder Verkäufern ist es von existentieller Bedeutung. Gerade im Bereich Verkauf ist es extrem relevant, eine Vielzahl an Verhaltensstrategien zu haben, da ein Verkäufer ständig mit wechselnden Kunden konfrontiert wird. Jeder Kunde reagiert anders und will anders behandelt werden. Spezialisierung ist notwendig, um sich als Spezialist zu profilieren, darf aber nicht die Verkaufsposition gefährden.

Exkurs: Bedeutung des Verhaltensrepertoires für Verkäufer

Als Verkäufer muß man über die Fähigkeit verfügen, sich möglichst schnell auf andere einzustellen und zu erkennen, welche Motive sie haben und auf welchem Weg diese mit dem eigenen Produkt am besten zu befriedigen sind.

Dazu gehört übrigens auch, sich darüber im klaren zu sein, daß es nicht immer möglich ist, einen Kunden zufriedenzustellen. Das Geheimnis eines erfolgreichen Verkäufers liegt in dem Spektrum an Vielfalt an Verhaltensweisen, die er sich im Laufe der Zeit angeeignet hat und auf die er je nach Kunde und Situation jederzeit zurückgreifen kann.

Es liegt in der Natur der Sache, daß Verkäufer mit einem schmalen Verhaltensrepertoire auf einen engen Kundenkreis beschränkt sind, Verkäufer mit einem umfangreichen Verhaltensrepertoire hingegen einen größeren Kundenkreis ansprechen.

Diesbezüglich kann ich auf ein eigenes Aha-Erlebnis zurückgreifen aus einer Zeit, bevor mir diese Zusammenhänge bewußt waren. Bei einem Gelegenheitsjob zu Beginn meines Studiums hatte ich die Aufgabe, bei einer Incentive-Tour von BMW die weltweit besten Verkäufer dieser Marke einen Tag lang zu begleiten. Ich wollte die Zeit nutzen, um nach Möglichkeit herauszufinden, was es ist, das diese Leute so gut gemacht hat. Ich wollte sozusagen den kleinsten gemeinsamen Nenner guten Verkaufens finden. Trotz vieler Gespräche war ich am Ende dieses Tages sehr enttäuscht, da ich nichts ausmachen konnte, was diesem Anspruch hätte gerecht werden können. Während mir die einen sehr extravertiert, ja sogar extravagant oder auch arrogant erschienen, waren andere deutlich introvertierter und ruhiger. Die einen redeten praktisch ununterbrochen, die anderen hingegen gaben so gut wie gar nichts von sich. Sogar bezüglich der Kleidung waren kaum Gemeinsamkeiten auszumachen. Einige trugen Anzug mit Krawatte, andere wiederum Freizeitkleidung. Es war die unterschiedlichste Gruppe, die ich jemals in meinem Leben gesehen habe. Diese Menschen waren einfach zu verschieden, zu individuell, als daß ich eine auffällige Gemeinsamkeit hätte feststellen können.

Erst später ist mir klar geworden, daß es gerade diese Individualität war, was diese Menschen auszeichnete. Jeder hatte seinen eigenen, unverwechselbaren Stil. Jeder war auf seine Art und Weise ein Original. Und man konnte sich gut vorstellen, daß jeder auch seine eigene Zielgruppe bzw. „Fangemeinde", sprich Stammkundschaft, hatte. Natürlich ist diese Beobachtung eines Tages nicht repräsentativ, aber seitdem ist mir genau diese ausgeprägte Individualität und Offenheit bei erfolgreichen Verkäufern immer wieder aufgefallen.

Zusammenfassung:

→ Unser Verhalten ist geprägt durch die Evolutionsgeschichte der Menschheit und durch unsere individuellen Lebenserfahrungen.

→ Wir neigen dazu, Verhaltensweisen, die wir in unserer Kindheit erlernt haben, in unsere Gegenwart zu übertragen.

→ Gruppenzugehörigkeit ist für Menschen von großer Bedeutung, weil sie sich dadurch selbst definieren.

→ Abteilungsrivalität, Ressortdenken und Minderwertigkeitsgefühle des einzelnen steigen mit zunehmender Mitarbeiterzahl und sind in Großunternehmen unvermeidlich.

→ Die Struktur unseres Gehirns bestimmt und begrenzt unser Denken, Zusammenleben und Verhalten.

→ Alle Informationen durchlaufen komplexe Filterungsprozesse in unserem Stammhirn, unserem Zwischenhirn und unserem Großhirn. Dadurch geht einiges an Informationen zwangsläufig verloren.

→ Je komplexer eine Situation, desto mehr neigen wir dazu, Informationen auszublenden und Fehler zu machen.

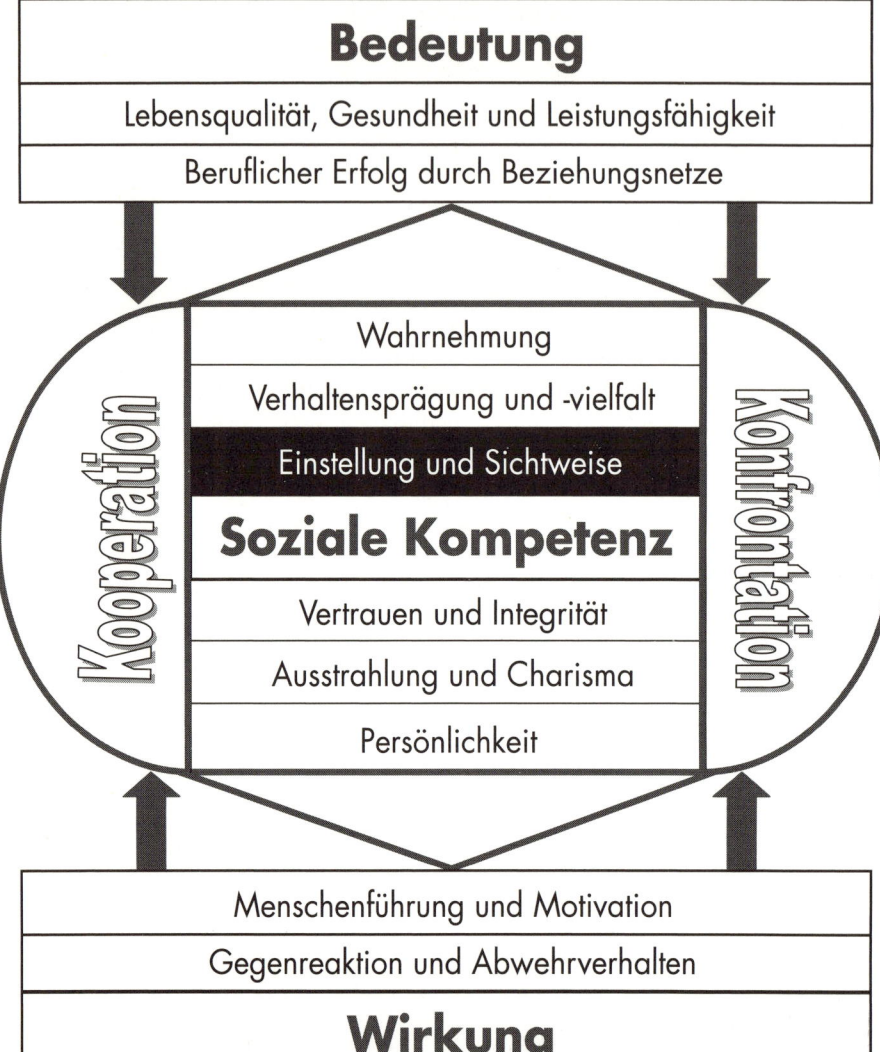

3. Entwicklung sozialer Kompetenz

3.1 Einstellungen und Sichtweisen

„Wer von der Vergangenheit nichts wissen will,
ist verdammt, sie zu wiederholen."
– George Santayana

Unsere Sichtweise der Welt bestimmt unser Leben. Sie ist wie eine Landkarte, nach der wir uns orientieren. Jeder von uns fertigt die Landkarte seiner Welt selbst an. Wohlgemerkt, es ist nicht eine objektive Landkarte der Welt, sondern eine subjektive seiner eigenen Welt – der Welt, in welcher man lebt und deren Mittelpunkt man ist. So wie eine Landkarte nicht die Welt selbst, sondern nur ein mögliches Abbild von ihr ist, so sind unsere Ansichten nur ein mögliches Abbild der Realität und nicht die letztere selbst.

Es gibt keine allgemeingültige, für jeden richtige Karte. Jeder hat seine eigene und bestimmt damit, wie er sein Leben lebt. Da das Leben nicht statisch, sondern dynamisch ist und ständigem Wandel unterliegt, müssen wir unsere Karte ständig anpassen und aktualisieren. Nur so entsteht für uns Realität! Wird unsere Sichtweise eingeschränkt, weil unsere Karte veraltet oder falsch ist, dann beschränken wir uns in unseren Möglichkeiten.

Folgendes Beispiel soll das verdeutlichen: Ein mit Wasser gefülltes Aquarium wird durch eine Glasscheibe in der Mitte in zwei Hälften getrennt. In das linke Becken wird ein Barrakuda, ein Raubfisch, gesetzt und in das rechte eine Seebarbe, ein harmloser Zierfisch. Da Barrakudas Seebarben fressen und Glasscheiben unter Wasser auch für Fische nicht sichtbar sind, schwimmt der Raubfisch auf die Seebarbe zu, um sie zu verschlingen, und prallt mit voller Wucht gegen die Scheibe. Dies wiederholt sich unzählige Male, bis der Raubfisch schließlich aufgibt. Allerdings ist er nach einer gewissen Zeit so konditioniert, daß er die Seebarbe mit Schmerzen in Verbindung bringt. Auf Grund seiner schmerzlichen Erfahrungen hat er seine Landkarte verändert und bleibt auf seiner Seite des Aquariums, ohne weitere Versuche zu machen, die Seebarbe zu verschlingen, obwohl er nicht gefüttert wird. Sein Verhalten ändert sich auch dann nicht, wenn die Glasscheibe entfernt wird und er ungehindert auf die andere Seite schwimmen könnte. Dies geht soweit, daß der Raubfisch schließlich verhungert, obwohl nur wenige Zentimeter vor seiner Nase eine Seebarbe schwimmt. Das Versäumnis, seine Landkarte von Zeit zu Zeit zu überprüfen, kostet ihn das Leben.

Unsere Landkarten bestimmen unseren Lebensweg. Deshalb ist es so wichtig, genau hinzusehen, uns selbst zu hinterfragen und unsere Meinungen und Einstellungen zu allem möglichen immer wieder an neue Erfahrungen anzupassen. Stephen Covey (1992) beschreibt an einem eindrucksvollen Beispiel, welche Bedeutung unser Blickwinkel für unser Leben hat:

Stellen Sie sich vor, Sie wollen die Goethestraße in Berlin finden, weil Sie dort einen wichtigen Termin haben. Sie kennen sich in Berlin nicht aus und kaufen deshalb einen Stadtplan. Sie wissen allerdings nicht, daß Sie aufgrund eines Fehlers der Druckerei den Stadtplan von Hamburg in Händen halten. In beiden Städten gibt es jedoch eine Goethestraße. Sie können sich wohl das entstehende Chaos vorstellen. Sie wären hoffnungslos verloren und frustriert, weil all Ihre Bemühungen, den gesuchten Ort zu finden, kläglich scheitern.

In diesem Fall hilft es nichts, wenn Sie Ihr Verhalten ändern. Sie können schneller gehen, ein anderes Transportmittel verwenden oder eine andere Route nehmen, aber Sie werden nur schneller an den falschen Ort gelangen. Sie können auch an Ihrer Einstellung arbeiten und positiv denken. Dann sind Sie zwar immer noch nicht am richtigen Ort angelangt, aber es macht Ihnen zumindest nichts aus, da Sie jetzt trotz allem frohen Mutes sind.

Das Problem hat sich dadurch allerdings nicht verändert. Sie sind noch immer nicht am richtigen Ort angelangt und verpassen Ihren Geschäftstermin. Es liegt weder an Ihrem Verhalten noch an Ihrer Einstellung, sondern an Ihrer Karte, die für die Stadt, in der Sie sich wirklich befinden, nicht geeignet ist. Und so, wie Sie in jeder Stadt verlorengehen, wenn Sie eine falsche Karte haben, so gehen Sie im Leben verloren, wenn Sie eine falsche Sichtweise der Dinge haben.

Besonders im Umgang mit anderen bestimmt unser Blickwinkel unser Leben. Unreflektierte Vorurteile anderen gegenüber machen uns blind für die Realität. Jeder von uns erfährt beispielsweise Kränkungen durch seine Umwelt. Wer aber nicht in der Lage ist zu verzeihen, also seine soziale Landkarte erneut anzupassen, der schadet unter Umständen sich selbst, indem er sich zurückzieht, Kontakte unnötigerweise abbricht oder sich sozial isoliert. Wer nicht in der Lage ist, Veränderungen bei anderen Menschen wahrzunehmen oder vergangene Kränkungen zu vergessen, der orientiert sich an einer veralteten Karte.

Der Psychoanalytiker M. Scott Peck (1978) schildert die Bedeutung von Vergebung auf sehr eindrucksvolle Art und Weise: Ein Mann mittleren Alters kommt in seine Praxis mit der Bitte um Hilfe. In den letzten zehn Jahren hatte dieser Mann im Schnitt jedes Jahr seinen Arbeitsplatz verloren, und im Laufe der Zeit realisierte er, daß jeder Entlassung das gleiche Muster zugrunde lag: Er beginnt für ein Unternehmen zu arbeiten, und aufgrund seiner hervorragenden Computerkenntnisse findet er sehr schnell Anerkennung. Er wird der „Star" seiner Abteilung, bis er eines Tages mit seinem Vorgesetzten in einen so heftigen Streit gerät, daß er entlassen wird. Nach und nach kommt er dahinter, daß er dieses Fehlverhalten aus irgendeinem Grund selbst inszeniert und durchaus einen beträchtlichen Teil der Schuld an seinen Entlassungen selbst trägt.

Nach einigen Besprechungen mit dem Analytiker kommt das Gespräch auf seine Vergangenheit. Er schildert, daß er als Kind von seinen Eltern häufig mißhandelt wurde und welchen Haß er ihnen gegenüber heute noch verspürt. Er hält an diesen Haßgefühlen fest, da er der Meinung ist, daß dieses Gefühl als Gegengewicht zu den Demütigungen und Verletzungen, die er als Kind erfahren mußte, notwendig ist. Dabei realisiert er aber nicht, daß ihn das Festhalten an diesen Haßgefühlen im Stadium des Verletztseins gefangenhält.

Dadurch, daß er diese Gefühle nicht überwindet, ist er im Inneren immer noch dieses verletzte Kind. Er klagt seine Eltern an, an seinen beruflichen Mißerfolgen schuld zu sein, weil er unter so widrigen Umständen aufwachsen mußte und dadurch einen psychischen Schaden erlitten habe. Erst nach vielen Gesprächen wird ihm später klar, daß es wichtig ist, seinen Eltern zu verzeihen. Nicht der Eltern wegen, sondern seinetwegen. Nur wenn er es schafft, zu verzeihen, kann er über die erlittenen Kränkungen hinauswachsen und das Stadium des Verletztseins verlassen. Erst dann, wenn er innerlich nicht mehr diese Anklage gegen seine Eltern führt, wird er aufhören, seinen beruflichen Absturz immer wieder selbst zu inszenieren. Denn diese Abstürze resultierten aus den Rachegefühlen seinen Eltern gegenüber, um ihnen zu demonstrieren, was sie ihm angetan haben. Wäre er erfolgreich gewesen und hätte Schritt für Schritt seinen beruflichen Erfolg verwirklicht, wie hätte er dann seinen Eltern Vorwürfe wegen schlechter Erziehung machen können?

Ursache für die Serie beruflicher Mißerfolge war seine falsche mentale Landkarte bezüglich der Bedeutung des Verzeihens. Nur die Korrektur seiner Landkarte ermöglichte ein Ende dieses katastrophalen Kreislaufs.

Gerade im Berufsleben ist es von besonderer Bedeutung, über eine realitätsnahe Sichtweise der Dinge zu verfügen. Vorgesetzte müssen viele Entscheidungen treffen, die das Leben ihrer Mitarbeiter unmittelbar beeinflussen. Nicht immer kann man als Chef wissen, was sich aus den getroffenen Entscheidungen später entwickelt. Aber es läßt sich festhalten, daß Mitarbeiter nichts mehr ablehnen als Vorgesetzte, die ihre Entscheidungen nicht aufgrund sorgfältiger Überlegung und mit Achtung vor dem Mitarbeiter treffen, sondern aus ihrer Machtstellung heraus agieren, nach dem Motto: „Meine Mitarbeiter haben das und das zu machen, weil ich es so sage." Solche Vorgesetzten sollten ihre soziale Landkarte schnell ändern, wenn sie nicht jegliche Motivation ihrer Mitarbeiter untergraben wollen. Auch Vorgesetzte, die meinen, sie müßten immer recht haben und alles wissen, weil sie ja schließlich die Führungskraft sind, laufen Gefahr, die Unterstützung ihrer Mitarbeiter zu verlieren.

Welche Gefahren es mit sich bringen kann, wenn man von einer falschen Landkarte ausgeht und Macht zu demonstrieren versucht, zeigt folgender Bericht, der in einer Ausgabe des US-amerikanischen Marinemagazins von einem Matrosen geschildert wurde:

> Zwei Kriegsschiffe befanden sich seit Tagen bei schlechtem Wetter im Manöver auf See. Ich fuhr auf dem Leitschiff und hatte gegen Abend Dienst auf der Brücke. Nebelschwaden erschwerten die Sicht, also blieb auch der Kapitän oben und überwachte alles. Kurz nach Anbruch der Dunkelheit meldete der Ausguck: „Licht Steuerbord voraus!"
> „Bleibt es stehen, oder bewegt es sich?"
> Der Ausguck antwortete: „Es bleibt, Kapitän." Das hieß, daß wir uns auf einem gefährlichen Kollisionskurs mit dem anderen Schiff befanden.
> Da rief der Kapitän dem Signalgast zu: „Schicken Sie dem Schiff ein Signal: Wir sind auf Kollisionskurs, empfehlen 20 Grad Kursänderung."
> Zurück kam das Signal: „Empfehle Ihnen, den Kurs um 20 Grad zu ändern."
> Der Kapitän sagte: „Melden Sie: Ich bin Kapitän, Kurs um 20 Grad ändern."
> „Ich bin Unteroffizier", lautete die Antwort. „Sie sollten Ihren Kurs besser um 20 Grad ändern."
> Inzwischen war der Kapitän ziemlich wütend. Er schimpfte: „Signalisieren Sie, daß ich ein Kriegsschiff bin. Er soll den Kurs unverzüglich um 20 Grad ändern."
> Prompt wurde eine Antwort zurückgeblinkt: „Ich bin ein Leuchtturm." Wir änderten unseren Kurs.

Viele Menschen befürchten, Macht zu verlieren, wenn sie Fehler zugeben, und ausgenutzt zu werden, wenn sie anderen gegenüber freundlich sind und kooperieren. Das Zusammenleben mit anderen ist aber unausweichlich geprägt von einem gewissen Geben und Nehmen und von einem gewissen Grad an Kooperation und Konfrontation. Es hängt von den Erfahrungen jedes einzelnen ab, wie er sich selbst in diesem Spannungsfeld verhält. Welche Mischung die richtige ist, kann niemand pauschal beantworten, aber eine sehr wertvolle Hilfestellung kann man aus wissenschaftlichen Erkenntnissen der Spieltheorie bekommen. Auf den folgenden Seiten wird dargestellt, wieso es auch aus mathematisch-logischer Perspektive betrachtet durchaus sinnvoll ist, anderen gegenüber freundlich zu sein und mit anderen zu kooperieren.

Im Anschluß daran wird verdeutlicht, warum es aber dennoch unerläßlich ist, anderen Menschen zu zeigen, wo die Grenzen der eigenen Freundlichkeit liegen.

Zusammenfassung:

→ Unsere Einstellungen und Sichtweisen sind wie Landkarten, nach denen wir unseren Lebensweg bestimmen.

→ Wenn wir uns nicht an veralteten Karten orientieren wollen, müssen wir bereit sein, unsere Ansichten in Frage zu stellen, zu ergänzen und gegebenenfalls zu korrigieren.

→ Karten, die nicht von Zeit zu Zeit auf den neuesten Stand gebracht werden, halten uns gefangen in einem Kreislauf von negativen Ereignissen und behindern unsere private und berufliche Weiterentwicklung.

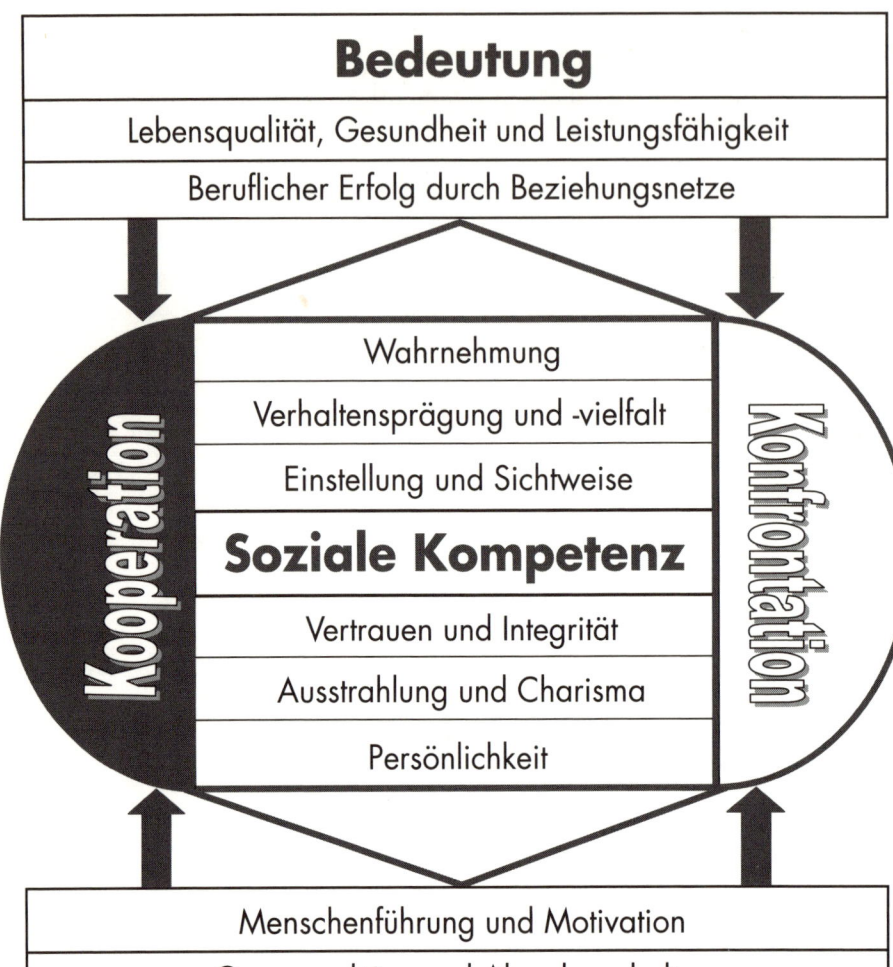

Bedeutung

Lebensqualität, Gesundheit und Leistungsfähigkeit

Beruflicher Erfolg durch Beziehungsnetze

Kooperation

Wahrnehmung

Verhaltensprägung und -vielfalt

Einstellung und Sichtweise

Soziale Kompetenz

Vertrauen und Integrität

Ausstrahlung und Charisma

Persönlichkeit

Konfrontation

Menschenführung und Motivation

Gegenreaktion und Abwehrverhalten

Wirkung

3.2 Kooperation: Spieltheorie – Nette Leute kommen eher ans Ziel

> „Behandle Menschen, wie sie sind, und sie werden schlechter.
> Behandle Menschen, wie sie sein könnten, und sie werden besser."
> – nach Goethe

Wie kann in einer Welt von Egoisten Kooperation entstehen, wenn jeder eher Grund dazu hat, sich selbstsüchtig zu verhalten? Wir alle wissen, daß Menschen keine Engel sind und dazu neigen, vor allem an sich selbst und den eigenen Vorteil zu denken. Wir wissen allerdings auch, daß Kooperation die Basis unserer Wirtschaft und die Grundlage unserer Zivilisation ist.

Den Ausgangspunkt sozialer Interaktion bildet oft die einfache Frage: Wann sollte eine Person mit einer anderen kooperieren, und wann sollte sie sich selbstsüchtig verhalten? Sollte ich einem Bekannten immer wieder einen Gefallen tun, obwohl dieser sich mir gegenüber niemals gefällig erweist? Sollte ein Unternehmen ein anderes, das kurz vor der Pleite steht, auch weiterhin mit Ware beliefern? In welchem Ausmaß sollte eine Kriegspartei die andere für einen feindlichen Akt bestrafen, und wie sollte sich diese verhalten, um die andere zur Kooperation zu bewegen? Der Situationstyp, der zu diesen Fragen führt, ist im wesentlichen immer der gleiche. Es geht um die Frage nach Kooperation oder Konfrontation.

Der amerikanische Politologe Robert Axelrod (1987) war einer der Pioniere, die begannen, die in den 40er Jahren entwickelte mathematische Spieltheorie auf derartige Phänomene anzuwenden. In seinem Buch „Die Evolution der Kooperation" schildert er, wie es dazu kommt, daß in einem auf Sieg oder Niederlage ausgerichteten Spiel die Partei am häufigsten gewinnt, die der anderen Partei zunächst freundlich gegenübertritt und auf Kooperation bedacht ist. Bei dem untersuchten Spiel handelt es sich um eine Variation des vielzitierten Gefangenendilemmas. Die Grundzüge des Gefangenendilemmas sollen hier kurz geschildert werden:

Zwei Männer – nennen wir sie Müller und Schreiber – sitzen unter dem Verdacht im Gefängnis, gemeinsam ein Verbrechen begangen zu haben. In getrennten Zellen untergebracht, wird jeder der beiden Gefangenen aufgefordert, als Kronzeuge gegen den anderen auszusagen. Was dabei herauskommt, hängt davon ab, was beide Gefangene sagen. Zunächst weiß keiner von beiden, was der andere ausgesagt hat. Wenn Schreiber seinem Kumpanen Müller die alleinige Schuld zuschiebt und Müller die Geschichte plausibel erscheinen läßt, indem er schweigt, Schreiber also nicht verrät, erhält Müller eine lange Gefängnisstrafe; Schreiber kommt ungestraft davon.

Wenn jeder den anderen verrät, werden beide wegen des Verbrechens verurteilt, erhalten jedoch einen gewissen Bonus dafür, daß sie ausgesagt haben, und bekommen eine etwas geringere, wenn auch immer noch erhebliche Strafe. Wenn beide die Aussage verweigern, gibt es nicht genügend Beweismaterial, um einen von ihnen des Hauptverbrechens zu überführen, und beide kommen mit einer geringen Strafe davon.

Wenn wir uns in die Situation der beiden Gefangenen hineinversetzen, und davon ausgehen, daß beide von vernünftigem Eigeninteresse getrieben sind und wissen, daß sie dem anderen auch im Falle einer vorherigen Absprache nicht vertrauen können, weil jeder der Verlockung der baldigen Freilassung erliegt, dann kommen wir zu dem Schluß, daß keiner von beiden eine andere Wahl hat, als den anderen zu verraten. Beide handeln sich dadurch eine relativ schwere Strafe ein.

Schreiber

	Nicht aussagen	Aussagen
Nicht aussagen	Beide kommen relativ schnell frei	Höchststrafe für Müller Schreiber kommt frei
Aussagen	Höchststrafe für Schreiber Müller kommt frei	Beide werden erheblich bestraft

(Müller)

Abb. 10: Das Gefangenen-Dilemma

Beide Spieler wissen, daß für sie selbst „Zusammenarbeit verweigern", d.h. „Aussagen", die beste Entscheidung ist, was auch immer ihr Gegenspieler tut. Nur so kann jeder sicher sein, der Höchststrafe zu entgehen. Aber beide wissen ebenfalls, daß jeder von ihnen besser abschneiden könnte, wenn sie nur beide zusammenarbeiten würden. Gibt es einen Ausweg aus diesem Dilemma?

Das Problem dieser Situation liegt darin, daß es keinen Weg gibt, das Vertrauen des anderen sicherzustellen. Selbst im Falle einer vorherigen Absprache ist noch lange nicht garantiert, ob sich der andere auch daran hält. Deshalb endet dieses Spiel in den meisten Fällen mit Verrat. Ein paradoxes Ergebnis, da beide Spieler besser davonkommen könnten.

Robert Axelrod hat die Grundvariante des Spiels verwendet, um eine Strategie zu finden, die in den häufigsten Fällen und bei den meisten Gegenspielern Erfolg verspricht. Zunächst hat er das Spiel aber so vereinfacht, daß er für „Zusammenarbeiten" die Farbe grün und für „Nicht zusammenarbeiten" die Farbe rot vergab und ein relativ unkompliziertes Kartenspiel daraus machte. Zwei Parteien sitzen sich gegenüber, die entweder eine rote oder eine grüne Karte auf den Tisch legen können – grün für Kooperation, rot für Konfrontation. Mit Hilfe dieser Vereinfachung ließ sich das Spiel leichter und mit plakativer Wirkung auf einen Computer übertragen. Anschließend schrieb er Experten für dieses Thema an verschiedenen Universitäten weltweit an mit der Bitte, Computerprogramme zu entwickeln, mit deren Hilfe sich das Spiel gewinnen ließ. Die eingesandten Programme ließ er gegeneinander antreten, und zwar wiederholt, so daß die Parteien nicht nur ein einziges Mal gegeneinander spielten, sondern mehrmals hintereinander. Somit war das Spiel nicht mehr nur zeitpunktbezogen konstruiert, sondern zeitraumbezogen. Die Spieler konnten auf die vorangegangene Reaktion des anderen reagieren. Konfrontation oder Kooperation stand damit auch in Verbindung zu den Entscheidungen der vorherigen Wahl. Für eine negative Entscheidung des Gegenspielers konnte man sich in der nächsten Runde rächen.

Unter den eingesandten Programmen befanden sich sowohl sehr aufwendig programmierte als auch weniger komplexe Strategien. Es waren sehr aggressive Programme dabei, die nahezu immer die rote Karte wählten, und ebenso freundliche, die oft kooperierten und grün zeigten. Unter Tausenden von Strategien konnte eine zum Beispiel so lauten: „Arbeite meistens zusammen, aber bei willkürlichen zehn Prozent der Runden verweigere die Zusammenarbeit."

Insgesamt kamen 14 Strategien in die Endrunde. Axelrod selbst fügte eine fünfzehnte hinzu, die er „Willkür" nannte und die darin bestand, nach dem Zufallsprinzip wahllos zwischen „Zusammenarbeit" und „Zusammenarbeit verweigern" zu wechseln. Diese Strategie verwendet er als Nullinie: Wenn eine Strategie nicht besser abschneiden konnte als „Willkür", dann war sie in seinen Augen schon ziemlich schlecht.

Auf einem leistungsfähigen Rechner ließ er dann jede Strategie gegen jede der anderen sowie auch gegen sich selbst antreten. Es wurden also 15 x 15 oder 225 Spiele gespielt. Jedes Spiel umfaßte 200 Runden bzw. Wiederholungen, bevor das Spiel beendet war und die Punkte zusammengezählt wurden. Die Punkte wurden nach folgendem Schema vergeben:

Was der andere tut

	Zusammenarbeiten	Zusammenarbeit verweigern
Zusammenarbeiten	Belohnung für beiderseitige Zusammenarbeit **3 Punkte**	Resultat für den Betrogenen **0 Punkte**
Zusammenarbeit verweigern	Anreiz zum Verweigern der Zusammenarbeit **5 Punkte**	Bestrafung für beiderseitiges Verweigern der Zusammenarbeit **1 Punkt**

Was ich tue

Abb. 11: Punkteschema bei Axelrods Computerturnier

Gewonnen hat bemerkenswerterweise die einfachste Strategie von allen. Sie hieß „Wie du mir, so ich dir" und wurde von Professor Anatol Rapoport eingereicht, einem renommierten Psychologen und Spieltheoretiker der Universität von Toronto. „Wie du mir, so ich dir" beginnt mit „Zusammenarbeiten" beim ersten Zug und kopiert von da an lediglich den vorhergehenden Zug des Gegenspielers. Egal, wie komplex die anderen Spiele programmiert waren, bei wechselnden Gegenspielern war diese Strategie eindeutig die beste.

Interessant ist es, die verwendeten Strategien zu klassifizieren und den Erfolg der verschiedenen Gruppen zu betrachten. So bezeichnete Axelrod die Strategien, die im ersten Zug kooperativ waren, also „Zusammenarbeiten" wählten, als „freundlich". Die Strategie „Wie du mir, so ich dir" ist eine „freundliche" Strategie, weil sie im ersten Zug der Strategie des Gegenspielers freundlich und kooperativ mit „Zusammenarbeiten" gegenübertritt.

Auffällig ist, daß von den 15 teilnehmenden Strategien jede einzelne der acht „freundlichen" Strategien im Endklassement besser lag als jede der sieben „unfreundlichen".

Eine andere Klassifizierung von Axelrod hieß „verzeihend". Eine „verzeihende" Strategie ist eine, die zwar Vergeltung üben kann, dann aber wieder kooperativ spielt. „Wie du mir, so ich dir" ist eine verzeihende Strategie, weil sie ein „Nicht Zusammenarbeiten" des Gegners zwar sofort bestraft, aber unverzüglich in der Lage ist, wieder zu kooperieren, sobald von der anderen Seite eine grüne Karte gespielt wird. „Nicht verzeihend" sind demnach Strategien, die das ganze Spiel lang nicht vergessen können, daß der Gegenspieler einmal nicht kooperiert hat. „Nicht verzeihende" Strategien schnitten in dem Spiel besonders schlecht ab, weil es ihnen nicht möglich war, aus dem Kreislauf gegenseitiger Vergeltung auszubrechen, selbst dann, wenn der Gegenspieler „Reue" zeigte.

Für viele der Experten stellte die Tatsache, daß die entscheidenden Faktoren für ein gutes Abschneiden in diesem Spiel „freundlich" und „verzeihend" hießen, eine enorme Überraschung dar. Axelrod teilte die Ergebnisse seiner Studie allen Teilnehmern mit und forderte sie auf, weitere Strategien einzusenden. Diesmal erhielt er 62 neue Strategien. Wiederum gewann „Wie du mir, so ich dir".

Nachdem Axelrod mehrere Auswertungen der Spielrunden vorgenommen und versucht hatte, den Erfolg von „Wie du mir, so ich dir" zu begründen, ist deutlich geworden, wie bedeutend das Umfeld einer Strategie für dessen Erfolg ist. In einem ganz und gar „unfreundlichen" Umfeld, in dem keine Strategie kooperiert, ist „Wie du mir, so ich dir" nicht der Gewinner, da die erste Runde immer verloren wird. Selbst gegen die einfachste „unfreundliche" Strategie, die bei jedem Zug „Nicht Zusammenarbeiten" spielt, verliert „Wie du mir, so ich dir". Bis heute wurde allerdings noch keine bessere Strategie für dieses Spiel gefunden.

Axelrod und viele andere haben später die Erkenntnisse, die sie im Rahmen der Spieltheorie gewonnen haben, auf evolutionsbiologische Zusammenhänge übertragen; so auch Richard Dawkins (1996), der in seinem Buch „Das egoistische Gen" unter anderem darstellt, wie symbiotische Beziehungen verschiedener Tierarten untereinander mit Situationen einhergehen, die durchaus mit einem Gefangenendilemma zu vergleichen sind. Er zeigt dies am Beispiel des gegenseitigen Entfernens von Zecken bei Vögeln:

> Die Vögel, die sich gegenseitig die Zecken aus dem Gefieder entfernen, spielen ein „Wiederholtes-Gefangenendilemma-Spiel". Wieso das? Es ist wichtig für einen Vogel (...), sich von seinen Zecken zu befreien, aber er kommt nicht an die Zecken auf seinem Kopf heran und braucht einen Gefährten, der ihm hilft. Es scheint nur gerecht, daß er diesem Gefährten später umgekehrt denselben Gefallen erweist. Aber dieser Gefallen kostet ihn Zeit und Energie, wenn auch nicht sehr viel. Wenn es einem Vogel gelingt, zu betrügen, das heißt, wenn er seine eigenen Zecken entfernt bekommt, sich aber dann weigert, den Gefallen zu erwidern, so hat er den vollen Gewinn, ohne die Kosten zu bezahlen. Ordnen wir die Resultate in der richtigen Reihenfolge an, so stellen wir fest, daß wir es in der Tat mit einem echten Gefangenendilemma zu tun haben. Wenn beide zusammenarbeiten (gegenseitig die Zecken ablesen), ist das Ergebnis recht gut, aber es besteht immer noch eine gewisse Versuchung, besser wegzukommen, indem man sich weigert, die Kosten des Erwiderns auf sich zu nehmen. Wenn beide die Zusammenarbeit verweigern (weigern, Zecken zu entfernen), ist das Resultat ziemlich schlecht, aber nicht so schlecht, als wenn man sich anstrengt, die Zecken von jemand anderem abzupicken und selbst von Zecken befallen bleibt.

... Je länger wir darüber nachdenken, desto klarer wird uns, daß das Leben durchsetzt ist mit „Wiederholtes-Gefangenendilemma-Spielen", und zwar nicht nur das Leben von Tieren, sondern auch das des Menschen ... (Dawkins 1996, S. 331)

Was der andere tut

Was ich tue	Zusammenarbeiten	Zusammenarbeit verweigern
Zusammenarbeiten	**Belohnung** Meine Zecken werden enfernt, aber ich trage auch die Kosten, dir deine zu entfernen.	**Resultat für den Betrogenen** Ich behalte meine Zecken und trage außerdem die Kosten, dir deine zu entfernen.
Zusammenarbeit verweigern	**Anreiz** Meine Zecken werden entfernt, und ich trage nicht die Kosten, dir deine zu entfernen.	**Bestrafung** Ich behalte meine Zecken und habe den schwachen Trost, dir deine auch nicht entfernt zu haben.

Abb. 12: Das Zecken-Entfernungsspiel bei Vögeln

Die Ergebnisse der Spieltheorie lassen sich so deuten, daß es durchaus geschickt ist, sich anderen Menschen gegenüber so zu verhalten, wie es die Strategie „Wie du mir, so ich dir" vorschlägt. Im einfachsten Fall könnte dies so aussehen: Zunächst tritt man jedem anderen freundlich gegenüber. Wird diese Freundlichkeit erwidert, ist alles okay. Wird sie nicht erwidert, reagiert man genauso konfrontativ wie der andere, verhält sich aber sofort wieder kooperativ, wenn die andere Seite einen entsprechenden Schritt unternimmt. Zur Orientierung bei der Bewältigung von Konflikten und in Verhandlungssituationen ist dies ein guter Leitfaden.

Anwendung

Sie haben bemerkt, daß die oben dargestellten Ausführungen darauf abzielen, dem Leser deutlich zu machen, daß Kooperation die Grundlage dafür ist, daß beide Seiten einen Vorteil erzielen. Gewinn/Gewinn ist aber keine oberflächliche Technik, es ist eine Philosophie sozial kompetenter Interaktion. Bei Gewinn/Gewinn können sich immer beide Parteien wohl fühlen! Diese Art von Einstellung baut Vertrauen auf und bildet die Basis für langfristigen Geschäftserfolg. Deshalb streben die meisten Unternehmen danach, eine solide Basis von zufriedenen Stammkunden aufzubauen und diese zu erhalten. Wer nach Gewinn/Gewinn strebt, der konzentriert sich nicht auf oberflächliches Machtgehabe oder Manipulationstechniken, sondern sucht nach der besten Alternative, unabhängig davon, mit wem er es zu tun hat. Fischer und Uri (1996) fordern in ihrem Buch „Das Harvard-Konzept" eine Abkehr von der Durchsetzungsmentalität hin zu einer Lösungsmentalität. Wenn beide Parteien nur ihre eigenen Ziele im Sinn haben, ohne gleichzeitig einen Gewinn auch für den anderen zu suchen, dann wird ein gemeinsamer Lösungsweg unwahrscheinlich. Es geht darum, Nutzen für beide Parteien zu erschaffen. Wenn es keinen gemeinsamen Nutzen gibt, dann lautet die Konsequenz: Kein Geschäft!

Wenn Sie Ihrem Verhandlungspartner von vorneherein klarmachen wollen, daß für Sie entweder nur eine wechselseitige Gewinn/Gewinn-Einstellung oder aber gar kein Geschäft in Frage kommt, dann können Sie offen sagen:

> „Ich bin genauso stark daran interessiert, dieses Geschäft mit Gewinn abzuschließen, wie Sie. Einseitigen Verlust werde ich nicht akzeptieren, genau wie Sie. Ich habe auch kein Interesse daran, mich jetzt in einer Weise durchzusetzen, mit der Sie sich später nicht wohl fühlen, weil Sie dann zukünftig keine Geschäfte mehr mit mir machen oder andere davon erfahren und mich meiden werden. Deshalb ist die einzige Alternative: ,Gewinn/Gewinn oder kein Geschäft'.

> Wir können also alle Lösungswege durchgehen, und wenn wir dennoch nichts finden, so sind wir uns wenigstens einig, daß es kein Geschäft gibt. Dies ist besser als eine Lösung, die eine Seite benachteiligt, denn es hält uns die Möglichkeit offen, in Zukunft eventuell doch noch zusammenzukommen."

Wenn Sie diese mentale Einstellung verfolgen, dann verschafft Ihnen das einen enormen Freiheitsgewinn, weil es nicht notwendig ist, andere zu manipulieren. Sie erhalten einen gewissen Abstand zu Machtspielen mit ihren Kniffen und Positionskämpfen, weil sie nicht mehr von Bedeutung sind. Das heißt nicht, daß Sie diese ignorieren sollten, aber Sie reagieren nicht darauf, sondern konzentrieren sich auf die Lösung. Ihr Gegenüber wird das merken und Sie ernst nehmen.

Die meisten sozialen Interaktionen geschehen vor dem Hintergrund einer Realität, die durch gegenseitige Abhängigkeiten gekennzeichnet ist, deshalb ist „Gewinn/Gewinn oder kein Geschäft" meist die beste Alternative. Dies gilt für Verhandlungssituationen, schwierige Gespräche, Konflikte und viele andere Situationen. Wir alle wissen aber, daß es Menschen gibt, die nicht im geringsten daran interessiert sind, daß die andere Seite auch Gewinn macht. Die es genießen, Macht auszuüben, andere zu kontrollieren und zu demütigen. Das nächste Kapitel befaßt sich mit diesem Thema, da es in manchen Situationen durchaus – auch im Sinne sozialer Kompetenz – erforderlich sein kann, auf Konfrontationskurs zu gehen.

Zusammenfassung:

→ Ergebnisse der Spieltheorie zeigen, daß trotz wechselnder Umweltbedingungen die Verhaltensstrategie „Wie du mir, so ich dir" (mit kooperativem Start!) am erfolgreichsten ist.

→ Freundliche (kooperative) Verhaltensstrategien schneiden besser ab als unfreundliche (konfrontative), „verzeihende" besser als „nachtragende".

→ Die Ergebnisse der Spieltheorie lassen sich auf lebende Systeme übertragen.

→ „Gewinn/Gewinn oder kein Geschäft" lautet die Devise für die Interaktion mit anderen.

Bedeutung

Lebensqualität, Gesundheit und Leistungsfähigkeit

Beruflicher Erfolg durch Beziehungsnetze

Kooperation

Konfrontation

Wahrnehmung

Verhaltensprägung und -vielfalt

Einstellung und Sichtweise

Soziale Kompetenz

Vertrauen und Integrität

Ausstrahlung und Charisma

Persönlichkeit

Menschenführung und Motivation

Gegenreaktion und Abwehrverhalten

Wirkung

3.3 Konfrontation: Das Milgram-Experiment – Sozial kompetentes Handeln heißt nicht immer, nett zu sein

> „Wie wohl ist einem bei Menschen,
> denen die Freiheit des anderen heilig ist."
> – Seneca

Wie wir im vorhergehenden Kapitel gesehen haben, bestand ein wichtiger Erfolgsfaktor bei der Siegerstrategie „Wie du mir, so ich dir" darin, auch konfrontativ reagieren zu können. Strategien, die zu nett, zu kooperativ, zu freundlich waren, wurden von unfreundlichen Strategien „ausgenutzt". Warum es auch in sozialen Beziehungen wichtig ist, anderen Grenzen aufzuzeigen und sich gegen den Willen anderer durchzusetzen, belegen psychologische Experimente zu Konformität, Gehorsam und Machtausübung.

Würden Sie jemanden freiwillig quälen, nur weil es Ihnen von jemandem, den Sie als Autorität ansehen, befohlen wird? Natürlich würden Sie ohne zu zögern nein sagen. In einer Reihe von inzwischen berühmten, aber moralisch nicht unumstrittenen Experimenten untersuchte der US-Amerikaner Stanley Milgram (1970), wie bereitwillig Menschen anderen gehorchen. Die Forschungsprojekte bezogen sich auf gewöhnliche Menschen aller Altersgruppen, unterschiedlicher Geschlechts-, Rassen- und Berufszugehörigkeit.

Bevor die Versuche durchgeführt wurden, fragte Milgram andere Forscher, Psychologen, Sozialarbeiter und auch junge Akademiker, wie sie die Situation einschätzten und wie viele der Versuchspersonen dem Versuchsleiter gehorchen würden, wenn dieser ihnen befehlen würde, andere Personen zu quälen. Nur einer von hundert, so die Vorhersage, würde es tun. Und dieser eine wäre mit Sicherheit geisteskrank.

Milgrams Experiment wurde mit freiwilligen Teilnehmern durchgeführt, die auf der Straße angesprochen wurden mit der Bitte, an einem bedeutenden wissenschaftlichen Experiment über Lernen teilzunehmen. Sie sollten gegenüber Personen, die Vokabeln lernten, die Rolle des Lehrers übernehmen. Ihre Aufgabe bestand darin, die Personen abzufragen und zu bestrafen, wenn die genannte Vokabel falsch war. Die Bestrafung sollte mittels leichter Elektroschocks erfolgen. Zu Beginn war die Intensität der Schocks gering. Sie sollten aber vom „Lehrer" bei jedem Fehler verstärkt werden.

Beeinflußt wurde das Experiment durch die Versuchsanordnung. Die „Lehrer" hatten vor dem Experiment keinen Kontakt zu den „Schülern", so daß sie keine emotionalen Verbindungen zu diesen aufbauen konnten. Außerdem saßen die „Schüler" nicht im gleichen Raum, sondern waren durch ein Glasfenster vom „Lehrer" getrennt und wurden auf ihrem Stuhl festgeschnallt. Die „Lehrer" konnten die Reaktion der Schüler auf die Schocks jedoch deutlich wahrnehmen. Die „Lehrer" wußten, wie stark ein leichter Schock war, da sie selbst vor dem Versuch einem ausgesetzt wurden, um die Schockstärke besser einschätzen zu können.

Selbst als die Anzeige der Schockstärke auf „extrem schmerzhaft" stand und der Lernende schreiend zusammenbrach, erhöhten zwei von drei „Lehrern" dennoch die Schockintensität auf „lebensbedrohlich", wenn sie vom Versuchsleiter, einer Autoritätsperson, dazu aufgefordert wurden. Im Glauben, der Wissenschaftler wisse schon, was er tue, und trage ja schließlich die Verantwortung, wurden die Folgen für die Versuchsperson ausgeblendet.

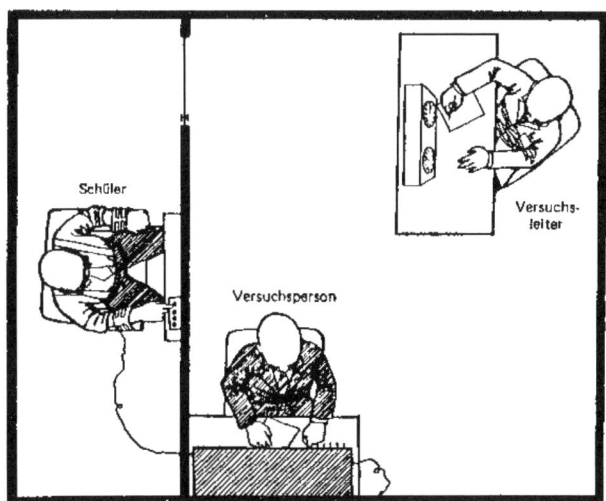

Abb. 13: Anordung des Milgram-Experiments

Tatsächlich waren die „Schüler" Mitarbeiter des Versuchsleiters, die über eine schauspielerische Ausbildung verfügten und auch keine Elektroschocks erhielten, sondern auf einer Anzeige ablesen konnten, wie stark der Schock sein sollte, und die entsprechenden Reaktionen nur spielten.

Der Grad an Gehorsam konnte dadurch noch verstärkt werden, daß zwei weitere Mitarbeiter des Versuchsleiters anwesend waren, die sich dessen Anweisungen nicht widersetzten. Dies zeigt, wie stark sich – neben dem Einfluß von Autoritätspersonen (Versuchsleiter) – auch der von Konformitätsdruck aufgrund von Gruppenverhalten (zwei Mitarbeiter) auf einen einzelnen auswirken kann.

Um zu zeigen, daß die Experimente tatsächlich solche Zusammenhänge zutreffend darstellen und für alle Menschen dieser Erde gültige Ergebnisse erbringen, wurde das Experiment in Princeton, München, Rom, Südafrika und Australien wiederholt. Bei der Wiederholung des ursprünglichen Experiments durch Mantel (1971) in München kam man zu dem Ergebnis: 85 Prozent der Versuchspersonen gehorchten den Versuchsleitern.

Dieses Experiment zu Gehorsam und Gewaltbereitschaft wurde später nicht nur an verschiedenen Orten, sondern auch in unterschiedlichen Variationen wiederholt und dient auch heute noch als Grundlage zur psychologischen Erklärung der Verhaltensweisen menschlicher Grausamkeit, wie sie beispielsweise in Kriegen oder in Konzentrationslagern auftreten. Eine Variation dieses Experiments sind Gefängnisexperimente. Vielleicht haben Sie den Film „Das Experiment" gesehen, der Anfang 2001 in deutschen Kinos gezeigt wurde. Darin geht es um eine Gefängnisstudie, die diese Zusammenhänge untersuchen soll. Zu Beginn wurden freiwillige Versuchspersonen, denen eine Belohnung von DM 4.000,– versprochen wurde, willkürlich der Gruppe der Wärter oder Gefangenen zugeteilt. Die Wärter wurden angewiesen, verantwortungsbewußt für Ruhe und Ordnung zu sorgen. Bereits nach kurzer Zeit gab es jedoch erste Konfrontationen zwischen den beiden Gruppen. Als die Wärter befürchteten, die Kontrolle über die Gefangenen zu verlieren, griffen sie zu disziplinierenden Maßnahmen. Diese wiederum führten zu verstärktem Widerstand, und so entwickelte sich gegenseitiger Haß, der zu Gewaltanwendung und dem Tod eines Häftlings führte. Der Film stellt dies sehr dramatisch, vielleicht auch überzogen dar, aber die Geschichte basiert auf den wahren Begebenheiten eines Gefängnisexperiments, das Anfang der 70er Jahre in Palo Alto durchgeführt wurde und ähnlich entgleiste.

Als entscheidenden Faktor für die Bereitschaft zu Gewaltanwendung sieht Milgram weniger ein natürliches Aggressionspotential von Menschen gegenüber anderen Menschen, das sich seinen Weg sucht, sondern vor allem die Annahme der einzelnen Person darüber, was sie tut. Dabei ist die eigene Rechtfertigung hinsichtlich der Ausführung der Anweisungen einer Autoritätsperson von entscheidender Bedeutung. Die Person muß annehmen, sie diene einer wichtigen Sache!

„Will man *freiwilligen* Gehorsam erreichen, ist die ideologische Rechtfertigung von entscheidender Wichtigkeit, weil sie der betroffenen Person erlaubt, ihr Verhalten so zu sehen, als diene sie damit einem erstrebenswerten Ziel. Nur unter einem solchen Gesichtspunkt ist Gehorsamsbereitschaft ohne Schwierigkeiten möglich." (Milgram 1974, S. 166) Verantwortlichkeit und moralische Faktoren lassen sich durch eine kalkulierte Umstrukturierung des informativen und sozialen Umfeldes relativ leicht beiseitedrängen.

Interessant ist, daß die räumliche Nähe zu den Schülern einen bedeutenden Faktor für die Gehorsamsverweigerung darstellte. So widersetzten sich durchschnittlich nur 35 Prozent der Personen den Anordnungen des Versuchsleiters, wenn sie in einem anderen Raum als die „Schüler" waren (Fernraumanordnung), 37,5 Prozent bei einer akustischen Rückkopplung, 60 Prozent, wenn sie im gleichen Raum waren und sogar 70 Prozent, wenn sie in Berührungsnähe waren. Je näher das Opfer ist, desto schwerer fällt es anscheinend, es aus den Gedanken zu verdrängen.

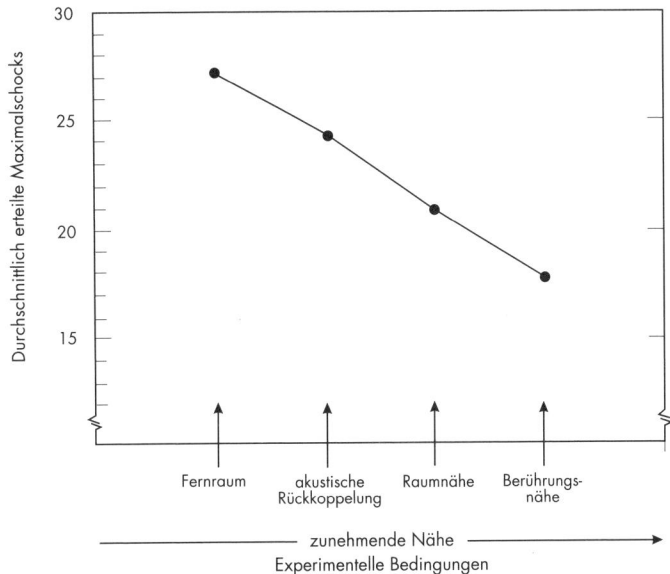

Abb. 14: Durchschnitt der erteilten Maximalschocks in Abhängigkeit von der Nähe zum Opfer

Der zweite nicht vorhersehbare Effekt war, daß die Versuchspersonen, also die „Lehrer", unter enormer nervlicher Anspannung standen. Man sollte annehmen, daß eine Versuchsperson entweder einfach abbrach oder eben weitermachte, je nachdem, wie sie ihr Gewissen plagte. Viele Versuchspersonen jedoch machten weiter, obwohl sie ein schlechtes Gewissen hatten. Zwei Gesprächsaufzeichnungen von Versuchspersonen, die Bedenken bezüglich des Experiments bekamen, zeigen die beiden Reaktionsmöglichkeiten (Milgram 1974, S. 64-65):

Versuchsperson (spontan): Sie haben sich doch sicherlich mit den ethischen Gesichtspunkten dieser Sache befaßt. (Äußerst erregt) Der Schüler will hier nicht weitermachen, aber Sie glauben, das Experiment sei wichtiger? Haben Sie ihn untersuchen lassen? Wissen Sie, in welchem gesundheitlichen Zustand er ist? Nehmen wir an, der Mann hat ein schwaches Herz (seine Stimme zittert)!

Versuchsleiter: Wir kennen unsere Maschine, Sir.

Versuchsperson: Aber Sie kennen den Mann nicht, mit dem Sie herumexperimentieren ... die Angst, die er selbst hervorbringt ... Aber fahren Sie fort. Ich bin nicht hier, um Ihnen welche [Fragen] zu stellen.
(Das Experiment wurde zu Ende geführt).

Zweite Gesprächsaufzeichnung mit anderer Versuchsperson:

Versuchsleiter: Es ist absolut wichtig für das Experiment, daß wir fortfahren.

Versuchsperson: Ich verstehe, daß Sie dies sagen, doch ich verstehe nicht, warum das Experiment wichtiger sein soll als das Leben dieses Mannes.

Versuchsleiter: Es ergibt sich kein anhaltender Gewebeschaden.

Versuchsperson: Gut, das ist Ihre Ansicht. Aber wenn er nicht weitermachen will, dann folge ich seinen Anordnungen.

Versuchsleiter: Sie haben keine andere Wahl, Sir, das Experiment muß fortgesetzt werden.

Versuchsperson: Wenn wir hier in Rußland wären, vielleicht, aber nicht in Amerika.
(Das Experiment wurde abgebrochen.)

Auffällig war, daß die Versuchsteilnehmer, die nicht bereit waren, dem Versuchsleiter zu gehorchen, über ein hohes Maß an Selbstsicherheit und ein höheres Bildungsniveau verfügten.

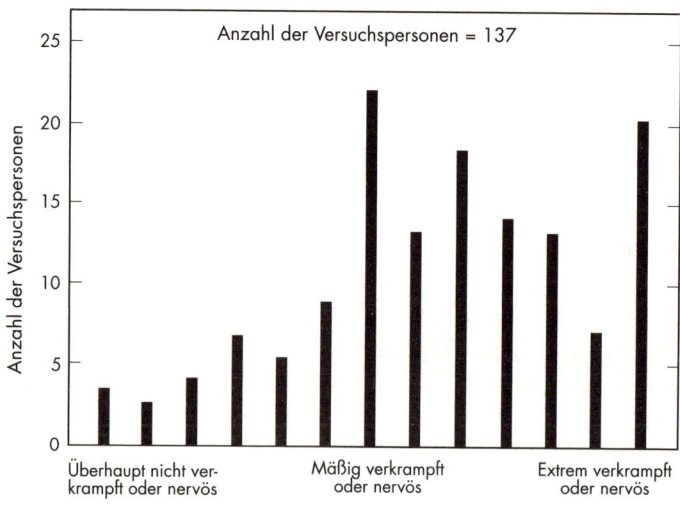

Abb. 15: Niveau der Spannung und Nervosiät der Versuchspersonen

Es ist weder verwunderlich, daß Menschen ein natürliches Aggressionspotential besitzen, noch, daß wir eine gewisse Gehorsamsbereitschaft haben. Beides hat unser Überleben als Spezies jahrtausendelang gesichert. Natürlich ist es auch, daß unser Aggressionspotential sich Wege und Ventile sucht, „Dampf" abzulassen, aber nachdenklich macht, daß Menschen dazu bereit sind, diese Aggression unter bestimmten Bedingungen auch gegen wehrlose Menschen zu richten. „Wie ist es möglich, daß ein Mensch, der normalerweise anständig, höflich, freundlich ist, im Experiment mit brutaler Härte gegen einen anderen Menschen vorgeht? Er handelt so, weil das Gewissen, das triebhafte Aggressionshandlungen reguliert, beim Eintritt in eine hierarchische Struktur *durch Unterdrückung* abnimmt." (Milgram 1974, S. 155)

Diese Tatsache stellt einen der Gründe für die Begrenztheit unseres gegenseitigen Vertrauens und unserer Kooperationsbereitschaft dar.

Anwendung

Wie dargestellt wurde, verhalten sich nicht nur „böse" oder „verrückte" Menschen so, sondern wir alle neigen dazu, unter bestimmten Bedingungen ein entsprechendes Verhalten an den Tag zu legen. Haben Sie nicht auch schon einmal unter bestimmten Bedingungen Macht ausgeübt oder sind unangemessen damit umgegangen? Wie wir uns verhalten, hängt zu einem wesentlichen Teil von den Umständen ab, in denen wir uns befinden, und von der vorherrschenden Ideologie. Beispielsweise kann es in einem Unternehmen mit stark ausgeprägter Hierarchie und der entsprechenden ideologischen Einstellung durchaus zu einer verstärkten Neigung zur Machtausübung kommen.

Kaum jemand wird leugnen, daß Macht in Unternehmen eine wichtige Rolle spielt. Sie ist notwendig, um positive Entwicklungen in Gang zu setzen, zu koordinieren und abzuschließen. Jeder Vorgesetzte hat Macht über seine Mitarbeiter, das liegt in der Natur der Sache. Wer als Mitarbeiter damit nicht umgehen kann, wird immer wieder an gewisse Grenzen stoßen, deshalb ist es notwendig, sich diesbezüglich eine gewisse Toleranz zuzulegen.

Was aber tut man, wenn man die Art und Weise, in der ein anderer seine Macht über uns ausübt, nicht akzeptieren will? Oft kann es sinnvoll sein, dieses Problem anzusprechen. Häufig ist es dem Betreffendem gar nicht bewußt, daß er sich so verhält. Dabei sollte man aber vorsichtig sein, denn da das Bedürfnis nach Macht meist einer bewußten oder unbewußten Angst entspringt, könnte sich der Machtausübende bedroht fühlen. Wie im Beispiel des Kinofilms „Das Experiment" gezeigt wurde, begannen die Wärter in dem Moment verstärkt Macht auszuüben, als sie befürchteten, daß ihnen die Kontrolle über Ruhe und Ordnung verlorengehen würde. Sie sollten also diese latente Angst des anderen gleich zu Beginn des Gesprächs entschärfen. Dabei ist es hilfreich, wenn Sie in der Lage sind, Ihren Stolz etwas zurückzunehmen. Menschen sind dann bereit, anderen entgegenzukommen, wenn diese auch Bereitschaft signalisieren, ihnen entgegenzukommen. Sie entspannen damit die entstandenen Fronten und verhindern, daß sich die Situation verschärft. Der Machtausübende wird ohnehin dazu neigen, sein Verhalten als Reaktion auf Ihr Fehlverhalten darzustellen. Er würde eigene Fehler wohl kaum eingestehen, weil er damit schließlich befürchten müßte, Macht zu verlieren! Aber bedenken Sie: Es geht nicht darum, Fronten zu schaffen, sondern darum, einen Weg zu finden, gut miteinander zu arbeiten. *Es geht darum, über seine Frustration und seinen Ärger zu reden, und nicht darum, sie dem anderen anzutun!*

Je nachdem wie die Situation zwischen Ihnen und dem anderen ist, könnte ein solches Gespräch vielleicht folgendermaßen beginnen. (Bitte bedenken Sie, daß dies keine Musterlösung ist. Musterlösungen existieren nicht, weil jede Situation anders ist und bei jedem Menschen Worte anders wirken. Betrachten Sie es als Anregung).

> *„Ich weiß, daß ich manchmal etwas impulsiv bin, manchmal vielleicht zu impulsiv, da ich merke, daß manches anders verstanden wird, als ich es gemeint habe. Es war aber nicht meine Absicht, Sie anzugreifen. Und ich möchte mich entschuldigen, wenn ich dies getan habe. Sie können sicher sein, daß ich Ihre Reaktion als Botschaft verstanden habe.*
>
> *Ich bin nicht daran interessiert, mit Ihnen in Konflikt zu geraten, weil ich glaube, daß dies uns beiden unnötig Ärger, Zeit und Nerven kostet. (Angenommen, der Vorgesetzte kontrolliert Sie zu stark:) Ich bitte Sie deshalb darum, mir mehr Freiraum zuzugestehen. Sie gewinnen dadurch Zeit, weil Sie nicht ständig aufpassen müssen, und ich kann ungezwungener arbeiten, und von guten Arbeitsergebnissen profitieren wir schließlich beide ..."*

Wenn wir es nicht schaffen, über unseren Ärger zu reden und unsere Gefühle mitzuteilen, dann kommt er über andere Wege heraus. Unbewußt drücken wir durch Stimmlage, Mimik, Gestik, Ausstrahlung und Verhaltensweisen aus, was in uns vorgeht. Andere spüren schnell, wenn etwas nicht stimmt. Wir können Ärger nur kurzfristig unterdrücken, weil dieses Unterdrücken selbst wieder Druck erzeugt, Energie kostet und uns unter Streß setzt. Es kostet uns Kraft, den Finger auf die Ventile zu halten, aus denen Dampf entweichen will. Es gelingt uns nur so lange, bis der Druck zu groß wird und es aus uns herausplatzt. Leider geschieht das dann meist auf eine unangemessene und verletzende Weise. Wenn wir es zulassen, daß wir sehr unter Druck geraten, dann genügt eine Kleinigkeit, um uns „explodieren" zu lassen. Das sollten wir vermeiden. *Wenn wir nicht dafür sorgen, unsere Gefühle anderen angemessen zu vermitteln, dann kommen sie verkorkst heraus.*

Nehmen wir an, ein Kollege von Ihnen kommt häufig zu spät zu Besprechungen. Sie ärgern sich darüber; es ist Ihnen aber unangenehm, ihn mit seiner Unpünktlichkeit zu konfrontieren. Ihr Kollege ahnt vielleicht gar nicht, wie sehr Sie dieses Verhalten stört, da ihm selbst so etwas wenig ausmacht. Sprechen Sie dies nicht an, so wird er sein Verhalten nicht ändern, und Sie werden sich weiterhin ärgern, bis Sie ihm eines Tages (in seiner Wahrnehmung aus heiterem Himmel und ohne Vorwarnung!) mit deutlichen Worten und unmißverständlich vor versammelter Mannschaft sagen, was Sie von seiner Unpünktlichkeit halten. Dies wiederum sieht er als überzogene Kritik, es erregt seinen Ärger, und so fühlen sich beide Parteien ungerecht behandelt.

Gehen Sie nicht davon aus, daß jeder die Dinge so sieht wie Sie, sondern sprechen Sie sie ruhig und freundlich, aber frühzeitig an. Sobald Sie sich das erst Mal über sein Zuspätkommen ärgern, sollten Sie mit ihm alleine darüber sprechen. Der Konflikt beginnt noch nicht, weil er zu spät kommt. Er beginnt in dem Moment, in dem der erste Wartende sich daran stört. Und er verschärft sich zunehmend, wenn es nicht angesprochen wird. Die Empfehlung lautet deshalb: Sprechen Sie an, was Sie stört, oder hören Sie auf, sich zu ärgern. Dazu müssen Sie aber erkennen, daß es Spaß macht, sich zu ärgern! Sie haben richtig gelesen. Es macht Spaß, anderen die Schuld für etwas zu geben und Kritik zu üben, weil es von unseren eigenen Fehlern ablenkt. Es gibt uns ein Gefühl der Macht und Größe, wenn es uns gelingt, andere in ihre Schranken zu weisen. Wir haben dann das Gefühl, besser oder stärker zu sein als diese. Sie sollten sich auch vor diesem Hintergrund selbst fragen, ob es nicht auch Ihr eigenes Bedürfnis nach Macht und Einfluß ist, daß Sie im oberen Beispiel vielleicht daran gehindert hat, dem anderen beim ersten Mal ruhig und freundlich zu sagen, daß Sie auf Pünktlichkeit sehr viel Wert legen. Schließlich ist der im Unrecht, der zu spät kommt. Und desto öfter er zu spät kommt, desto mehr haben Sie das Recht, ihn zu rügen und Ihren Ärger auszudrücken. Wenn es also Spaß macht, sich zu ärgern, dann macht es durchaus Sinn, den anderen mit Worten so richtig an die Wand zu klatschen, wenn er mal wieder zu spät kommt. Sozial kompetent ist das nicht! Soziale Kompetenz ist hingegen dann im Spiel, wenn man nicht nur erkennt, welche Machtspiele die anderen spielen, sondern auch, welche man selbst mit den anderen spielt, und die Streiche des eigenen Unterbewußtseins durchschaut. Viele Konflikte werden von uns selbst inszeniert! Solchen Inszenierungen können beispielsweise Übertragungen aus früheren Konflikten, Erfahrungen unserer Kindheit oder falsche Rollenvorstellungen zugrunde liegen.

Es ist besser, es nicht dazu kommen zu lassen, sondern die Ventile offenzuhalten, damit sich kein Druck anstauen kann. Dies erfordert, daß man frühzeitig über Spannungen redet, um Konflikte nicht zu verschleppen. Offenheit anderen gegenüber ist eine Voraussetzung für dieses Verhalten. Sprechen Sie also mit dem jeweiligen Betroffenen. Vielleicht hat auch er ein bestimmtes Problem mit Ihrem Verhalten, das Ihnen nicht bewußt ist. Ich kann Ihnen nicht garantieren, daß Sie die Spannungen immer im Gespräch lösen können, aber ich kann Ihnen garantieren, daß Sie sie nicht lösen werden und eventuell sogar verschärfen, wenn Sie Gesprächen aus dem Weg gehen.

Darüber hinaus gewinnen Sie an Achtung und Respekt, wenn Sie sich nicht davor drücken, Konflikte anzusprechen. Menschen empfinden Achtung für diejenigen, denen es gelingt, offen ihre Gefühle auszudrücken und dazu zu stehen.

Kommt Ihnen der andere trotz Ihrer Bemühungen und Ihrem Signalisieren, daß Sie kein Interesse an einem Konflikt haben, nicht entgegen und spitzt sich der Konflikt zu, so bleiben Ihnen im obigen Beispiel unangemessener Machtausübung schließlich nur noch zwei Möglichkeiten. Sie verlassen die Abteilung bzw. das Unternehmen, oder Sie signalisieren, daß Sie so von Ihrem Recht überzeugt sind, daß Sie eine Konfrontation nicht scheuen. Auch in diesem Fall gilt die Regel, daß man zuerst mit Worten signalisiert, was man beabsichtigt, bevor man es in die Tat umsetzt. Zwar schränkt das Ihre Aktionsmöglichkeiten ein, aber es enthält die Möglichkeit, daß der andere doch noch einlenkt, bevor er mit den Konsequenzen konfrontiert wird. Sagen Sie, daß Sie sich beim Betriebsrat über sein Verhalten beschweren werden. Bei den meisten Konflikten sagen die Betroffenen hinterher: „Wenn ich gewußt hätte, daß das so kommt, dann hätte ich anders reagiert." Sagen Sie dem anderen, was Sie machen werden, bevor Sie es machen! Nicht unfreundlich, aber direkt, klar und mit neutraler Stimme. Sagen Sie, wie Sie sich fühlen, was Sie erreichen wollen, wie wichtig es Ihnen ist und daß Sie nicht bereit sind, sein Verhalten zu akzeptieren. Es wäre dumm, einen Krieg zu beginnen, wenn man nicht vorher alle diplomatischen Mittel ausgeschöpft hat. Es wäre aber ebenso ungeschickt, gewisse Drohungen nicht wahrzumachen, da man sonst in Zukunft nicht mehr ernst genommen würde. Seien Sie sich der Konsequenzen bewußt! Auch dann, wenn Sie gewinnen und offiziell recht bekommen, kann es sein, dass das Betriebsklima bzw. das Verhalten Ihnen gegenüber kälter wird.

Greifen Sie nicht die Person des anderen an, sondern ausschließlich die Verhaltensweise! Wenn Sie die Person des anderen angreifen, dann verhärten Sie den Konflikt nur und entfernen sich von einer möglichen Entspannung. Wenn Sie die Persönlichkeit des anderen angreifen, dann beschränken Sie das Problem nicht auf die Gegenwart, sondern erzeugen negative Gefühle, die auch in Zukunft vorhanden sein werden. Verhaltensweisen sind variabel, und jeder macht mal einen Fehler, auch Sie. Fehler lassen sich meist korrigieren, oder man kann sich entschuldigen. Für seine Persönlichkeit wird und sollte sich niemand entschuldigen!

Bleiben Sie offen, denn verdeckte Verhaltensweisen schaffen Unsicherheit und Abwehrhaltung. Sprechen Sie ein ganz bestimmtes Problem an und nicht allgemeine undefinierte Probleme oder vage Eindrücke.

Konflikte verlaufen meist nach einem ähnlichen Muster. Am Ende bleibt einem in der Regel nur die Wahl zwischen Rückzug oder Konfrontation, wenn man es nicht schafft, die Spannungen zu lösen. Ich kann Sie deshalb nur ermuntern, möglichst lange an einer Entspannung oder Lösung zu arbeiten, indem Sie mit der anderen Konfliktpartei sprechen. Nach meiner Erfahrung entspannt allein die Tatsache, daß man miteinander spricht, die Fronten, auch wenn unmittelbar keine Lösung in Sicht kommt. Häufig unterschätzt man auch die Fülle an Möglichkeiten, die es gibt, bevor man einen Konflikt eskalieren läßt. Bedenken Sie, die meisten Konflikte sind Situationen, in denen beide Seiten verlieren! Verlieren/Verlieren tritt bei Konflikteskalation häufig deshalb ein, weil beide Parteien Ressourcen verschwenden, sei es Zeit, Geld oder Seelenfrieden. *Jeder vermiedene Konflikt ist ein gewonnener Konflikt!*

Zusammenfassung:

→ Menschen neigen unter bestimmten Bedingungen dazu, auf unangemessene Weise Macht über andere Menschen auszuüben. Dies trifft nicht nur auf andere, sondern auch auf uns selbst zu.

→ Physische und psychische Nähe zum „Opfer", hohe Selbstsicherheit und ein hohes Bildungsniveau verringern die Neigung, aus Gehorsam der Anordnung brutaler Maßnahmen Folge zu leisten.

→ Es geht darum, über seine Frustration und seinen Ärger zu reden, und nicht darum, sie dem anderen anzutun.

→ Wenn wir nicht dafür sorgen, unsere Gefühle dem anderen angemessen zu vermitteln, dann kommen sie verkorkst heraus.

→ Häufig inszenieren wir Konflikte selbst. Machen Sie sich Ihre Inszenierungen bewußt!

→ Jeder vermiedene Konflikt ist ein gewonnener Konflikt!

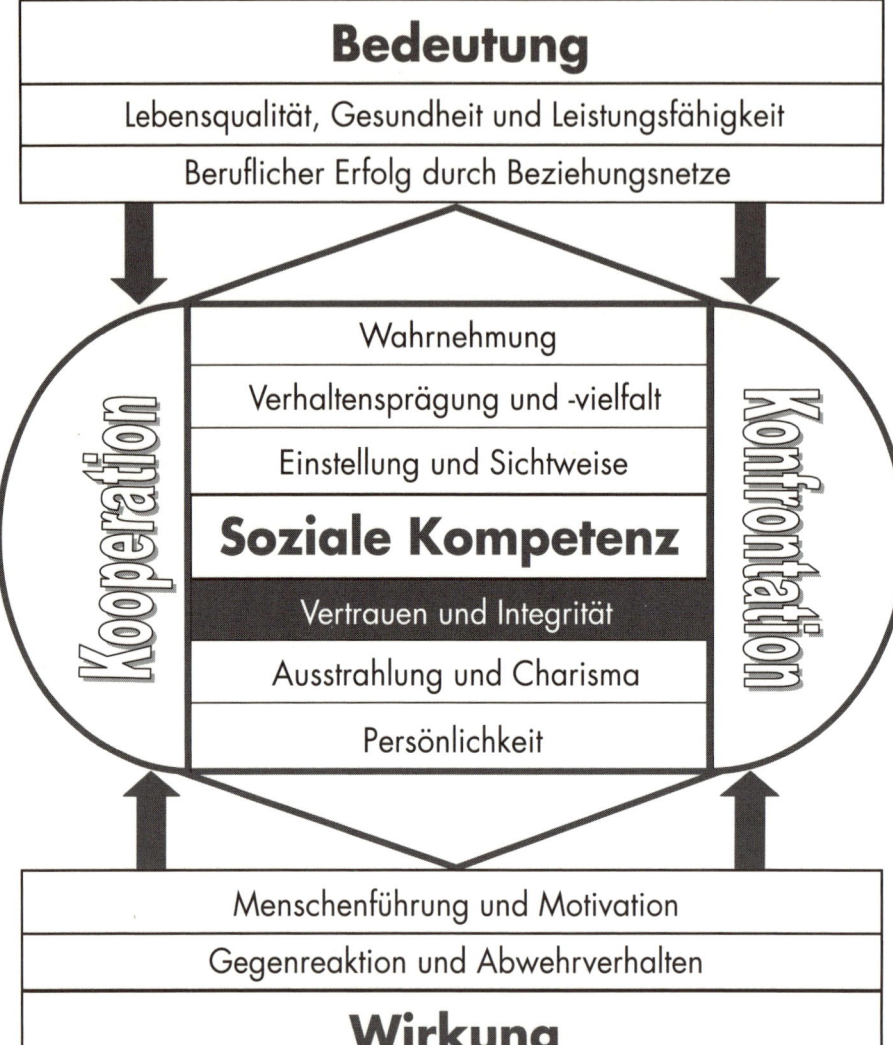

Bedeutung

Lebensqualität, Gesundheit und Leistungsfähigkeit

Beruflicher Erfolg durch Beziehungsnetze

Kooperation

Konfrontation

Wahrnehmung

Verhaltensprägung und -vielfalt

Einstellung und Sichtweise

Soziale Kompetenz

Vertrauen und Integrität

Ausstrahlung und Charisma

Persönlichkeit

Menschenführung und Motivation

Gegenreaktion und Abwehrverhalten

Wirkung

3.4 Vertrauen und Integrität

> „Wenn man einen Menschen richtig beurteilen will, so frage man sich immer:
> Möchtest du den zum Vorgesetzten haben?"
> – Kurt Tucholsky

Vertrauen ist die Basis sozialer Kompetenz. Soziale Kontakte, Beziehungen und Freundschaften können nur dann entstehen, wenn ein Mindestmaß an gegenseitigem Vertrauen vorhanden ist. Vertrauen muß man sich erwerben. Es ist das Gefühl von Sicherheit, das ein anderer Mensch in bezug auf Sie empfindet, und das aus dem Zusammenwirken vieler verschiedener Einflußfaktoren, wie beispielsweise Ehrlichkeit, Fairneß und Offenheit, entsteht. Andererseits kann man Vertrauen auch wieder verlieren. Verschlossenheit, unfaires Verhalten und Verlogenheit vermindern Vertrauen, sorgen für Unsicherheit und fördern Mißtrauen. Als Metapher kann man sich vorstellen: Es gibt sozusagen ein Beziehungskonto, auf dem verzeichnet ist, wieviel Vertrauen in einer Beziehung aufgebaut worden ist.

Wenn ich beispielsweise durch Freundlichkeit, Zuverlässigkeit, Verständnis und Aufrichtigkeit Ihnen gegenüber Einzahlungen auf unser Beziehungskonto mache, so wird Ihr Vertrauen mir gegenüber wachsen. Je häufiger ich dieses Verhalten zeige, desto stärker wird es wachsen und Vertrauensreserven aufbauen. Es wird eine Atmosphäre der Sicherheit entstehen. Selbst wenn ich einmal zu einer Verabredung zu spät komme, wird dieses Vertrauensgefühl in Ihnen nicht gleich völlig erschüttert werden. Ich kann Fehler machen, und dennoch wird die Beziehung nicht sofort zerbrechen. Wenn eine Vertrauensbasis vorhanden ist, dann muß ich auch nicht ständig auf der Hut sein oder Befürchtungen haben, sofort kritisiert zu werden, wenn ich irgend etwas falsch gemacht habe. Sie werden mich nicht auf meine Worte festnageln, weil Sie verstehen, wie ich etwas meine. Wenn das Vertrauen groß ist, dann ist die Kommunikation einfach.

Wenn ich allerdings unzuverlässig bin, unpünktlich oder gar nicht zu Verabredungen erscheine, Absprachen nicht einhalte, Sie ignoriere und unfreundlich bin, dann wird mein Vertrauenskonto sehr schnell im Minus sein. Sie werden mich nach Möglichkeit meiden, und ich werde keinen Spielraum mehr haben, mit Ihnen reibungslos zu kommunizieren. Meine Glaubwürdigkeit wäre ebenso dahin wie Ihr Interesse an mir. Sie würden ebenfalls beginnen, mich zu ignorieren, und wären genauso unfreundlich zu mir wie ich zu Ihnen. Eine Vertrauensbasis könnte sich auf dieser Grundlage nicht entwickeln. Ich müßte ständig aufpassen, daß ich das Richtige tue, jedes Wort abwägen und ständig in einem Minenfeld latenter Kritik manövrieren. Weder Ihnen noch mir würde das sehr viel Spaß bereiten. Es wäre kein Raum vorhanden für einen Scherz oder für Humor. Zweideutiges würde sofort negativ aufgenommen werden, auch wenn man es positiv hätte verstehen können.

Überlegen Sie einmal, was wir anderen Menschen zugestehen, wenn wir Vertrauen zu ihnen haben. Von Freunden lassen wir uns manchmal Dinge gefallen und lächeln darüber, während wir es anderen niemals zugestehen würden, so mit uns umzugehen. *Vertrauen macht den entscheidenden Unterschied!* Es ermöglicht uns Flexibilität und Freiheit in unserem Verhalten. Der Aufbau eines Vertrauensguthabens ist der Schlüssel zu offenen, ehrlichen und dauerhaften Beziehungen. Nur wenn ich Vertrauensreserven habe, werde ich sie auch ab und zu beanspruchen können, ohne daß die Beziehung darunter leidet.

Es gibt keine Beziehung, in der nicht auch „Abbuchungen" stattfinden. Meistens ist es einem bewußt, wenn man eine Abbuchung gemacht hat, aber häufig erfolgen Abbuchungen auch schon allein dadurch, daß andere unser Verhalten anders wahrnehmen als wir selbst. Das besondere am Vertrauenskonto ist, daß der andere entscheidet, was eine Einzahlung und was eine Abbuchung ist. Wenn wir beispielsweise auf unser Vertrauenskonto einzahlen mit der gezielten Absicht, später einen großen Betrag abheben zu können, dann dient dies nicht dem Aufbau von Vertrauen. In der Regel erkennen Menschen, wenn sie manipuliert werden, und bereits die Einzahlung wird negativ registriert. Was zählt, ist weniger die Tat als vielmehr die Absicht, die dieser Tat zugrunde liegt.

Der Unterschied zum Bankkonto liegt auch darin, daß uns ein großer Teil der Einzahlungen, wie Freundlichkeit, Zuverlässigkeit und Ehrlichkeit, nichts kostet. Wir können gleichzeitig bei mehreren Menschen positive Kontos haben, wie diese auch bei uns. Es liegt im Wesen von Vertrauen, daß es durch Gegenseitigkeit wächst und nicht den Phänomenen der allgemeinen Knappheit und der Konkurrenz unterworfen ist.

Dennoch muß man etwas tun, um Vertrauen aufrechtzuerhalten. Wenn man nichts tut, beginnt es sich abzubauen. Dies ist oft ein kaum wahrnehmbarer Prozeß, aber wenn selbst in Beziehungen mit hohen Vertrauensreserven keine weiteren Einzahlungen erfolgen, beginnen sie zu zerfallen. Aus glücklichen Partnerschaften mit viel gegenseitigem Verständnis und Liebe werden Zweckgemeinschaften mit angepaßter Bequemlichkeit. Oder das Vertrauen sinkt so weit, bis es negativ wird, und aus der angepaßten Zweckgemeinschaft wird eine unerwünschte Partnerschaft mit Streit und Aggression. Aus gegenseitigem Mißtrauen entsteht ein Strudel aus Wortgefechten, Konflikten, emotionalen Verweigerungshaltungen und selbstzerstörendem Selbstmitleid, der bei Ehepaaren nicht selten auch vor dem Scheidungsrichter endet. In diesem Fall endet der kalte Krieg dann damit, daß intime Angelegenheiten in die Öffentlichkeit getragen werden, beide Partner Demütigungen erdulden und Peinlichkeiten ertragen müssen und hinterher auch noch finanziell schlechter dastehen als vorher.

Eine echte Verlieren/Verlieren-Situation. Daran kann kein Mensch interessiert sein, doch die Wirklichkeit zeigt, daß manche es vorziehen, die gemeinsame Couch in der Mitte durchzusägen und somit zu zerstören, als sie dem Partner zu überlassen.

Ressourcen zu vernichten, anstatt sie zu erhalten, ist der sichere Weg in einen Verluststrudel, bei dem keiner der Beteiligten gewinnen kann. Meist sind Stolz, Machtgehabe und vermeintliche Sturheit die Triebkräfte eines solchen Spiels, und es geht nur noch darum, deutlich zu machen, was man sich nicht gefallen läßt. Was ursprünglich als die engste Beziehung zwischen zwei Menschen gedacht war, wird zum Alptraum für beide.

Um Vertrauen aufzubauen und zu erhalten, muß man gewisse Einzahlungen machen. Die wesentlichsten Einzahlungen, die Sie machen können, basieren auf der Regel: „Liebe deinen Nächsten wie dich selbst." Freundlichkeit, Verständnis, Offenheit, Achtung, Aufrichtigkeit und Zuverlässigkeit sind Eigenschaften, die wir an anderen schätzen. Wenn sich andere uns gegenüber entsprechend verhalten, dann fällt es uns leichter, uns ebenfalls so zu verhalten. Bedenken Sie, Vertrauen baut sich auf Gegenseitigkeit auf. Wenn es Menschen gibt, die Ihnen gegenüber kein Vertrauen haben, dann sollten Sie sich fragen, warum dies so ist. Wäre es möglich, daß es auch zu einem gewissen Teil an Ihrem eigenen Verhalten liegt? Dies ist nicht immer leicht zu erkennen, und es liegt auch nicht immer nur an Ihrem unmittelbaren Verhalten dieser Person gegenüber. Beispielsweise ist Loyalität gegenüber nicht anwesenden Personen ein wesentlicher Faktor, um Vertrauen bei den Anwesenden aufzubauen. Stellen Sie sich vor, ich würde mich Ihnen gegenüber über das Verhalten eines anderen in einer Art und Weise beklagen, wie ich es niemals machen würde, wenn dieser anwesend wäre. Vielleicht würden Sie sogar Verständnis dafür haben und auch meine Offenheit schätzen, aber gleichzeitig würde Ihr Mißtrauen wachsen, daß ich mich auch über Sie so beklagen könnte, wenn ich einmal einen Konflikt mit Ihnen hätte. Sie würden mich für falsch halten, nach außen stinkfreundlich und innerlich voller Groll und Bosheit.

Nun stellen Sie sich weiter vor, Sie würden in einem solchen Fall die Initiative ergreifen und vorschlagen, daß ich mich mit dem anderen aussprechen solle, da es nicht fair sei, hinter dessen Rücken solche Anschuldigungen zu machen. Sie würden sich sogar als Vermittler anbieten. In diesem Fall würden Sie zwar zunächst auf Distanz zu mir gehen, indem Sie sich nicht mit mir gegen den anderen verschwören, aber Ihre Integrität würde Vertrauen erzeugen. Ich bräuchte nicht zu befürchten, daß Sie sich mit anderen hinter meinem Rücken gegen mich verschwören. Schließlich habe ich erlebt, wie Sie sich in einer solchen Situation verhalten.

Allerdings ist es in Wirklichkeit nicht immer so leicht, sich aufrichtig zu verhalten, da dies oft Konfrontation bedeutet. Integrität läßt sich häufig nicht mit Neutralität vereinbaren. Im obigen Beispiel wäre es leicht, den Weg des geringeren Widerstandes zu

gehen, dem anderen zuzustimmen, heimlich mit ihm zu klatschen und den nicht anwesenden Dritten zu kritisieren. Integrität jedoch erfordert den Mut und die Stärke
einer ehrlichen Konfrontation. Kurzfristig kann das auch negative Folgen für Sie haben, wenn der andere sich zurückgewiesen fühlt und Sie meidet, langfristig werden die
Menschen aber beginnen, Ihnen zu vertrauen; Sie werden Respekt und Achtung gewinnen, weil andere wissen, daß Sie ihnen nicht oberflächlich nach dem Mund reden,
sondern unabhängig Ihre eigenen Entscheidungen treffen und Ihre eigene Meinung
vertreten. Das bedeutet auch, daß Sie die Größe haben, sich aufrichtig zu entschuldigen, wenn Sie einmal etwas nicht richtig entscheiden oder sich falsch benehmen. Mit
diesem Verhalten qualifizieren Sie sich als Persönlichkeit, die andere gerne als Partner
oder zum Freund haben möchten.

Zusammenfassung:

→ Vertrauen läßt sich sozusagen auf einem Beziehungskonto ansammeln.
→ Einzahlungen in Form von Freundlichkeit, Offenheit, Integrität und Zuverlässigkeit stärken das Vertrauen. Abhebungen in Form von Verschlossenheit, Verlogenheit, Unzuverlässigkeit und Ignoranz schwächen es.
→ Der Aufbau eines Vertrauensguthabens ist der Schlüssel zu offenen, ehrlichen und
  dauerhaften Beziehungen.
→ Wenn das Vertrauen zwischen zwei Menschen groß ist, dann ist die Kommunikation einfach.
→ In jeder Beziehung gibt es Abhebungen. Diese können bereits aufgrund unterschiedlicher Wahrnehmung entstehen.
→ Wenn Sie abwesenden Personen gegenüber Integrität zeigen, stärken Sie das Vertrauen der Anwesenden.
→ Integrität erfordert oft den Mut und die Stärke einer ehrlichen Konfrontation.
  Weichen Sie dem nicht aus, auch wenn dies kurzfristig unangenehm ist. Langfri-
  stig zahlt es sich aus.

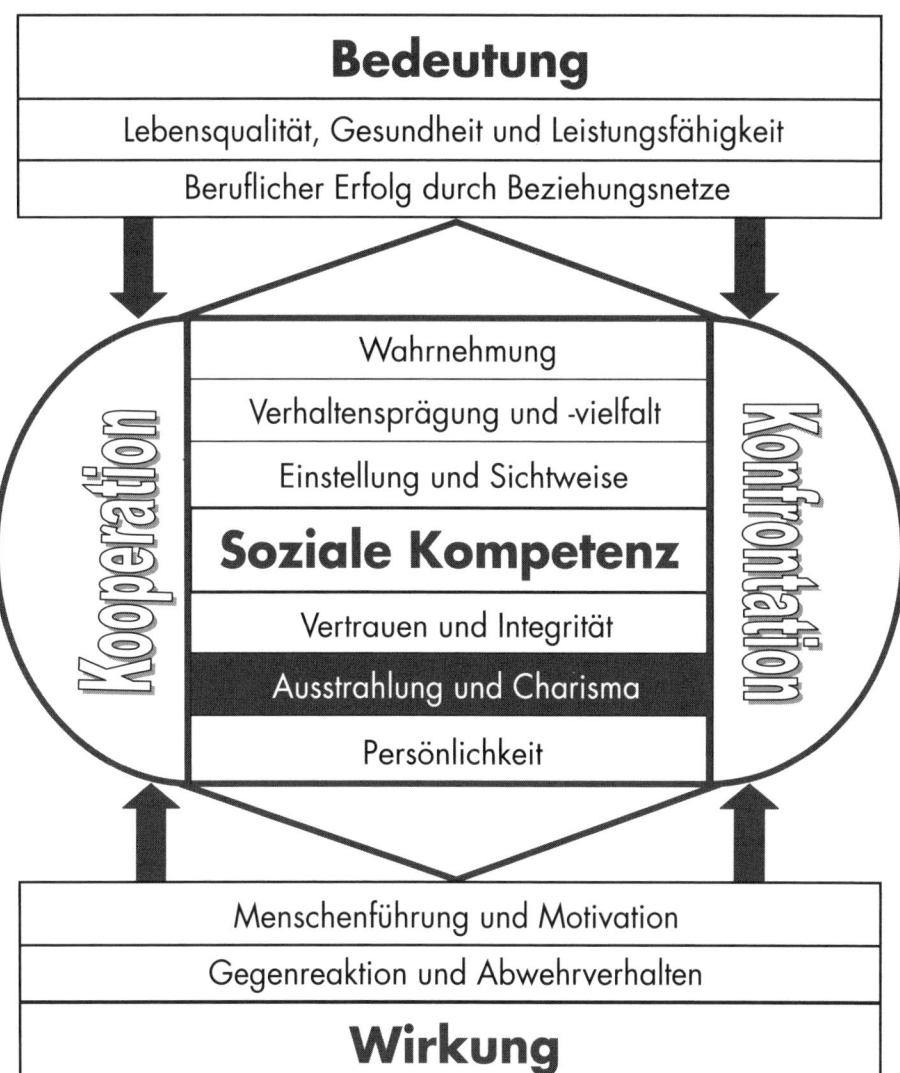

3.5 Ausstrahlung und Charisma

„Gedanken formen unser Antlitz und geben ihm sein persönliches Gepräge.
Unsere Gedanken bestimmen Gebärde, Haltung und Gestalt des ganzen Leibes."
– Prentice Mulford

Die Persönlichkeit eines Menschen formt sich im Durchschreiten der Höhen und Tiefen im Laufe seines Lebens. Sie spiegelt sich in seinem Aussehen, seinem Erscheinen, seiner Gestalt und seiner Ausstrahlung. Mit fünfzig, sagt man, hat jeder Mensch das Gesicht, das er verdient. Vereinfacht ausgedrückt bedeutet das, daß Menschen, die sich sehr viel Sorgen gemacht haben, Sorgenfalten, graue Haare, einen leicht gebückten Gang oder einen besorgten Gesichtsausdruck haben, während andere, die in der Lage waren, das Leben leichter zu nehmen, einen freundlichen Gesichtsausdruck, weniger Falten, einen aufrechteren Gang haben und vielleicht sogar jugendlich auftreten. Manche wirken verbraucht und abgearbeitet, andere frisch und lebendig. Man spürt bei jedem Menschen intuitiv, welche Art von Ausstrahlung er hat.

Unsere soziale Lebensqualität hängt unmittelbar davon ab, andere möglichst schnell und zutreffend einschätzen zu können. Welche Menschen sind loyale Freunde, welche falsche Freunde, welche zuverlässige Geschäftspartner, welche geeignete Ehepartner? Unsere Lebensqualität hängt aber auch davon ab, wie andere uns einschätzen. Ob wir zu einem Vorstellungsgespräch oder zu einem Rendezvous eingeladen werden, hängt zu einem sehr großen Teil von unserer Ausstrahlung ab.

Was Ausstrahlung genau ist, soll im folgenden mit Hilfe der Metapher eines physikalischen Versuchs dargestellt werden: Wenn man zwei Stimmgabeln nebeneinanderhält und eine von beiden anschlägt, die zweite aber ruhig hält, schwingt diese dennoch mit, obwohl sie nicht angeschlagen worden ist. Dies ist eines der grundlegenden physikalischen Experimente zur Darstellung der Wellenübertragung in der Physik. Anwendung findet dieses Phänomen vor allem im Radio-, Fernseh- und Funkbereich. Oft wird das Experiment so variiert, daß an den Enden beider Stimmgabeln zusätzlich eine Schraubklemme angebracht ist, die man nach oben oder unten verschieben kann. In diesem Fall schwingt die zweite Stimmgabel nur dann mit, wenn die Schraubklemme der zweiten Gabel in exakt der gleichen Höhe angebracht ist wie die Klemme der ersten Gabel. Ein Verschieben der Klemme bedeutet eine Veränderung der Schwingungsfrequenz der Gabel. Radios älterer Generation haben noch einen Drehknopf, mit dem man die jeweilige Frequenz per Hand suchen kann. Mit diesem Drehknopf macht man im Grunde nichts anderes als beim Verstellen der Position der Schraubklemme. Neuere digitale Radios funktionieren im Prinzip genau gleich.

Das Gesetz der Wellenübertragung ist nicht nur gültig im Radio-, Fernseh- oder Funkbetrieb. Als Metapher läßt es sich auch auf den zwischenmenschlichen Bereich übertragen. „Der liegt nicht auf meiner Wellenlänge" ist ein häufig verwendeter Ausdruck, der dies deutlich macht. In der Regel stellt man bereits nach sehr kurzer Zeit fest, ob man mit einem anderen auf der gleichen Wellenlänge liegt oder nicht. Studien zur Erforschung des ersten Eindrucks sprechen von den ersten zehn Sekunden. In dieser Zeit ordnen wir unbekannte Menschen einer unserer unbewußten Kategorien zu. Dabei kommt einzelnen Merkmalen des Aussehens oder der Stimme eine geringere Aussagekraft zu als dem Gesamteindruck.

Jeder Mensch hat eine Ausstrahlung. Der eine mehr, der andere weniger, aber jeder hat eine charakteristische Wellenlänge. Diese wird gebildet durch die Summe unserer Erfahrungen, unsere Lebensgeschichte. Sicher sind genetische Vorgaben ein gewichtiger Faktor, sie sollen aber hier vernachlässigt werden, da sie kaum zu beeinflussen sind. Sigmund Freud hat folgenden Satz geprägt: „Alles, was uns widerfährt, hinterläßt Spuren in uns." Große Ereignisse hinterlassen große Spuren, kleine hinterlassen kleine Spuren, aber es gibt nicht eine Sekunde in unserem gesamten Leben, die keine Spur hinterlassen hätte oder in Zukunft hinterlassen wird. Menschen, die durch ähnliche Ereignisse oder Lebensläufe geprägt sind, verfügen über ähnliche Strukturen und somit auch über eine ähnliche Ausstrahlung. Bei manchen Menschen ist das so stark ausgeprägt, daß sie leicht miteinander verwechselt werden. So ist es kein Zufall, daß sich Menschen mit vertrautem Hintergrund zusammenfinden, um Vereine oder Gemeinschaftsaktivitäten ins Leben zu rufen. Man gehört nicht zufällig einer Gruppe an, sondern deshalb, weil man ähnliche Entwicklungsstrukturen besitzt. An Universitäten zum Beispiel kann man beobachten, daß sich Studenten gleicher Herkunft innerhalb ihres Studienganges zusammenfinden. Biologen sind auch in ihrer Freizeit meist mit Biologen zusammen, Juristen mit Juristen und Betriebswirte mit Betriebswirten. Andere Faktoren wie z.B. räumliche Gegebenheiten spielen ebenfalls eine Rolle. Doch auch innerhalb dieser findet man sich meist mit Menschen zusammen, die sich in einer ähnlichen Situation befinden, also ähnliche Probleme und Gedanken haben und somit auch ähnliche Wellenlängen besitzen.

Im Geschäftsleben bedeutet dies, daß jemand bereits aufgrund seiner Persönlichkeitsstruktur bestimmte Geschäftspartner besonders anzieht, während er auf andere weniger anziehend wirkt. Wenn man zum Beispiel vor einer größeren Gruppe einen durchschnittlich guten Vortrag hält, so kann man fast sicher sein, daß manchem Zuhörer der Vortrag hervorragend gefällt, während andere reserviert reagieren. Aufgrund unserer Grundausstrahlung sprechen wir gewisse Menschen stärker an und andere weniger.

Genauso wie mit Worten verhält es sich mit Argumenten, Produkten oder Dienstleistungen, die man anderen anbietet. Während es einem Menschen mehr liegt, mit materiellen Dingen wie Autos oder Immobilien zu arbeiten, liegt es dem anderen mehr, mit immateriellen Dienstleistungen, Konzepten, Forschungsergebnissen oder Beratungsleistungen umzugehen. Ein dritter wiederum ist erfolgreicher mit Software oder Internetlösungen oder in der Biotechnologie. In der Regel spürt jeder Mensch selbst, zu welchen Bereichen er Resonanz hat und zu welchen nicht. Dabei hilft es sehr viel mehr, in Ruhe intensiv dem eigenen Gefühl nachzuspüren, als jahrelang vom einen zum anderen Bereich zu wechseln und immer wieder enttäuscht zu werden.

Leider befinden sich viele Menschen in genau dieser Situation, daß sie in Bereichen arbeiten, mit denen sie sich nicht identifizieren können, zu denen sie keine Resonanz verspüren. Ein solcher Mangel an Wertschätzung für die eigene Tätigkeit überträgt sich unbewußt auf andere und erschwert unser Tun erheblich. Ein Mensch unternimmt vielleicht die größten Anstrengungen, um seine Gesprächstechnik zu verbessern, sein Wissen zu erweitern, seine Arbeitsmethoden zu verbessern, ohne zu erkennen, daß er das falsche Feld beackert. Wilhelm Busch drückte dies so aus: „Im Glauben, das Äußerste zu tun, läßt der Mensch die Kraft im Inneren ruhen." Ein Verkäufer beispielsweise, der bei jedem Verkauf seines Produkts an einen Kunden gleichzeitig auch etwas neidisch auf diesen ist, ist in einer wesentlich besseren Ausgangsposition, erfolgreiche Geschäfte abzuschließen, als jemand, dem sein Produkt gleichgültig ist.

Ähnlich ist es übrigens auch bei Vorträgen. Es gibt nichts Langweiligeres als Referenten, die sich mit ihrem Thema nicht identifizieren. Einen Vortrag zu halten, nur um ihn zu halten, ist verlorene Zeit, sowohl für den Redner als auch für die Zuhörer. Nur was authentisch ist, wirkt auf andere mitreißend und ansteckend.

Aufgrund unserer Ausstrahlung können wir mit manchen Menschen besser umgehen als mit anderen. Mit Menschen, mit denen wir nicht auf einer Wellenlänge liegen, werden wir automatisch mehr Unstimmigkeiten haben als mit Menschen, mit denen wir auf einer Wellenlänge liegen. Gefühle, Verhaltensweisen und Reaktionen, die ich bei mir selbst nicht kenne, kann ich auch bei anderen schwer nachvollziehen. Über den Weg der Ausstrahlung spüren andere, welche Gefühle in mir vorgehen. Wer seine Ausstrahlung ändern will, der muß zuerst seine Lebensumstände und sein Bewußtsein ändern, denn dies sind die Quellen.

Zusammenfassung:
→ Ausstrahlung ist die Wirkung, die wir durch unser Erscheinen auf andere ausüben.
→ Unsere soziale Lebensqualität hängt ganz wesentlich von unserer Ausstrahlung ab.
→ Nur was authentisch ist, wirkt auf andere mitreißend und ansteckend. Nur wenn wir in uns selbst echte Gefühle tragen, können wir auch in anderen echte Gefühle wecken.
→ Unsere Ausstrahlung vermittelt anderen auf dem kürzesten Weg ein Bild davon, was in uns vorgeht.
→ Alle Ereignisse unseres Lebens hinterlassen Spuren in uns. Unsere Ausstrahlung ist das Ergebnis dieser Spuren.

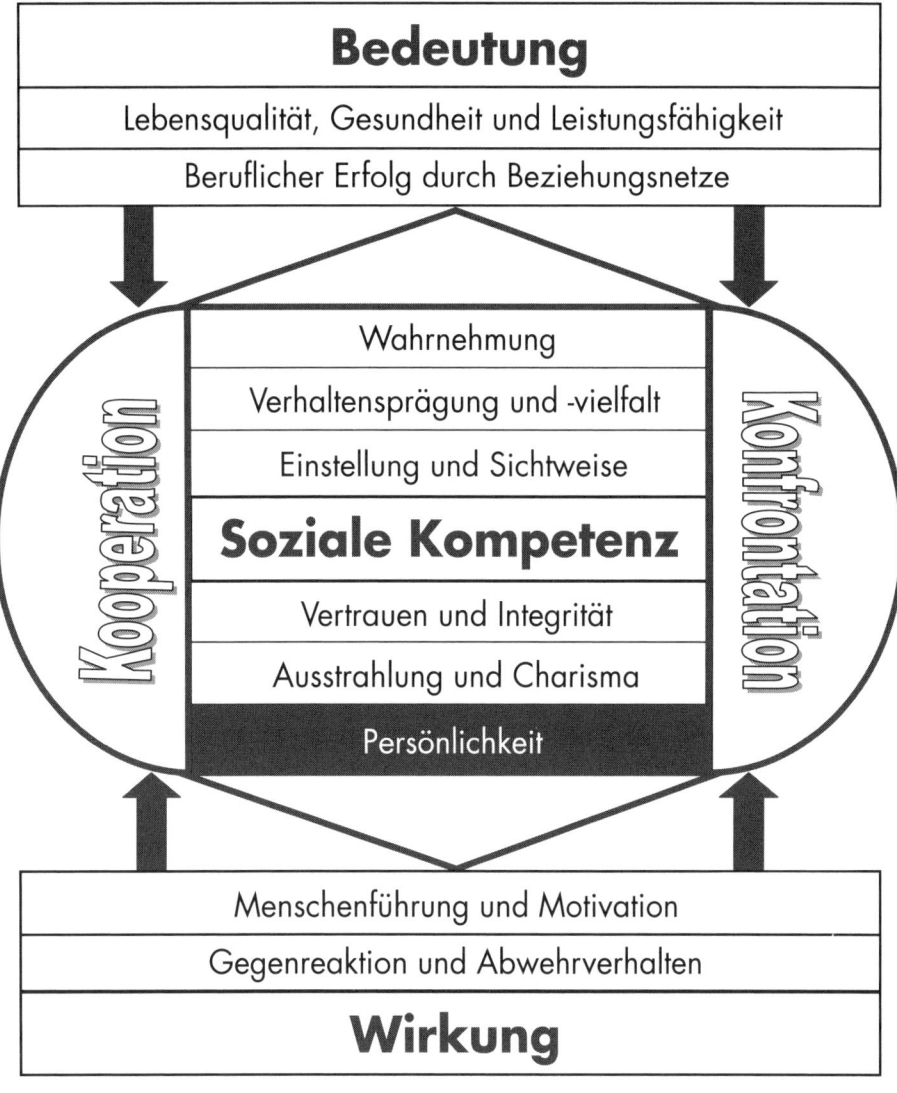

3.6 Persönlichkeitsstruktur

„Nur der, der auch den Vorteil des anderen kennt,
hat den rechten Vorteil im Auge."
– Henry Ford

Soziale Kompetenz baut darauf auf, andere richtig einschätzen zu können. Wer andere nicht richtig einschätzen kann, der kann auch keine Konflikte lösen. In Gesprächen und Verhandlungen ist es essentiell, die Position des Gegenübers richtig deuten zu können, zu verstehen, was diesem am Herzen liegt und weshalb es zu unterschiedlichen Standpunkten kommt. Im Teil über Wahrnehmung wurde bereits beleuchtet, daß jeder Mensch die Welt, in der er lebt, anders wahrnimmt. Die Persönlichkeit des anderen zu kennen bzw. seine Motive zu erfragen ist deshalb unabdingbare Voraussetzung für einen erfolgreichen Gesprächsverlauf. Man muß wissen, was der andere will und welche Bedeutung etwas für ihn hat, um darauf eingehen zu können. Eine Möglichkeit, dies herauszufinden, ist, geschickte Fragen zu stellen. Dies wird erleichtert durch ein entsprechendes Referenzschema, das dabei behilflich ist.

Das hier vorgestellte Schema orientiert sich an Erkenntnissen über Wünsche und Ängste von Menschen. Jeder soziale Konflikt ist begründet durch konkurrierende Wünsche oder Ängste der beteiligten Parteien. Zwischen Wünschen und Ängsten besteht ein enger Zusammenhang. Sie sind wie zwei Seiten der gleichen Medaille. Oft ist uns aber nur die eine Seite bewußt. Wenn man sich etwas wünscht, dann besitzt die Intensität des Wunsches das gleiche Ausmaß wie die Angst, es nicht zu bekommen. Der Wunsch, daß ein Vorhaben erfolgreich sein möge, entspricht der Angst, daß es scheitert, in gleicher Intensität. Wer etwas Wertvolles besitzt, hat Angst, es zu verlieren. Wunsch und Angst sind untrennbar miteinander verbunden.

Fritz Riemann schreibt: „*Wenn nun auch Angst unausweichlich zu unserem Leben gehört, will das nicht heißen, daß wir uns dauernd ihrer bewußt wären. Doch ist sie gleichsam immer gegenwärtig und kann jeden Augenblick ins Bewußtsein treten, wenn sie innen oder außen durch ein Erlebnis konstelliert wird. Wir haben dann meist die Neigung, ihr auszuweichen, sie zu vermeiden, und wir haben mancherlei Techniken und Methoden entwickelt, sie zu verdrängen, sie zu betäuben oder zu überspielen und zu leugnen. Aber wie der Tod nicht aufhört zu existieren, wenn wir nicht an ihn denken, so auch nicht die Angst.*" (Riemann 1961, S. 19)

Das „Wunsch-Angst-Schema" orientiert sich an unbewußten Ängsten von Menschen und ermöglicht somit Rückschlüsse auf Wünsche. Auf diesem Weg läßt sich die Wahrscheinlichkeit einer erfolgreichen Konfliktlösung beträchtlich erhöhen, da dies ein besseres Verständnis der Verhandlungsziele des Gegenübers ermöglicht. Wünsche und Ängste wiederum entstehen in Abhängigkeit von der Persönlichkeitsstruktur eines Menschen. Deshalb bildet diese die Grundlage für das folgende Schema (zunächst in einfacher Form).

Die vier vorgestellten Strukturen sind Persönlichkeitsausprägungen, wie sie jeder Mensch besitzt. Sie sind Persönlichkeitsanteile, die jedem von uns zu eigen sind, allerdings in jeweils typischer Ausprägung. Eigenarten und unangemessene Verhaltensweisen entstehen durch eine ungleiche Ausprägung dieser Persönlichkeitsanteile. Nie ist es der Fall, daß diese sozusagen in Reinform vorkommen. Die Persönlichkeit eines Menschen ist immer eine Mischung aus verschiedenen Anteilen. Zum besseren Verständnis werden diese aber nacheinander behandelt und erst später zusammengeführt. Die folgenden Beschreibungen basieren also darauf, daß der geschilderte Persönlichkeitsanteil übermäßig stark, sozusagen in Reinform ausgeprägt ist. In Abb. 16 ist über dem jeweiligen Persönlichkeitsanteil der dazugehörige Wunsch angegeben, darunter die entsprechende Angst. So hat der Bewahrer beispielsweise den Wunsch nach Sicherheit und gleichzeitig die Angst vor Veränderungen, die diese Sicherheit bedrohen.

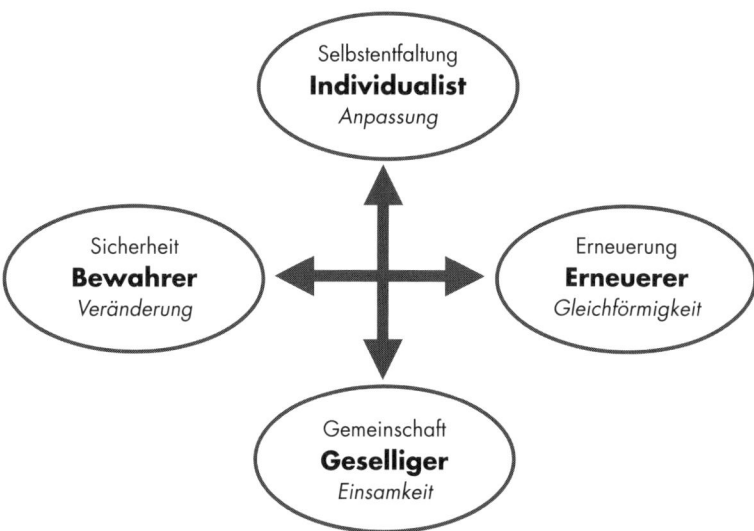

Abb. 16: Persönlichkeitsanteile mit ihren Wünschen und Ängsten

1. Der Bewahrer: Das Bedürfnis nach Sicherheit –
die Angst vor Neuem

Einstellung: „Ich will tun, was ich immer getan habe. Warum etwas ändern?"

> **Das Lebensmotto von Menschen mit übermäßig ausgeprägtem Bewahreranteil entspricht dem Sprichwort: „Schuster, bleib bei deinen Leisten." Menschen, die so orientiert sind, legen sehr viel Wert auf Konstanz und Sicherheit. Neuem begegnen sie mit Mißtrauen. Sie besitzen eine tiefe Sehnsucht nach Dauerhaftigkeit und der verläßlichen Wiederkehr von Gewohntem und Vertrautem.**

Den Aspekt der „Bewahrung" in unserer Kindheit kennenzulernen ist eine entscheidende Voraussetzung für die Entwicklung unserer Persönlichkeit. Nur die wiederkehrende Verläßlichkeit der Zuneigung unserer Eltern läßt in uns ein Gefühl von Vertrauen und Hoffnung entstehen. Dieses Gefühl bildet die Basis für die spätere Liebesfähigkeit eines Menschen. Ein Kind, das in einem Elternhaus aufgewachsen ist, in dem es miterleben mußte, daß die Eltern sich nicht liebten, regelmäßig stritten und sich schließlich trennten, weil die gegenseitige Abneigung unerträglich wurde, wird unausweichlich eine andere Haltung zu gegenseitigem Vertrauen einnehmen als ein Kind, das eine harmonische Elternbeziehung erleben durfte. (Es geht hier nicht um die Bewertung von gut oder schlecht, es geht um unterschiedliche Ausprägungen von Persönlichkeitsstrukturen.) Dauer und verläßliche Wiederkehr sind von entscheidender Bedeutung für unsere Orientierung in der Welt, für die Entwicklung unseres Gedächtnisses bezüglich verschiedener Sachverhalte, für unsere Erkenntnisse und für die Deutung unserer Erfahrungen. Fritz Riemann: *„Eine chaotische Welt ohne erkennbare und verläßliche Gesetzmäßigkeiten und Ordnungen ließe uns jene Fähigkeiten gar nicht entfalten – dem äußeren würde ein inneres Chaos entsprechen. So erscheint sicheres Wissen und die Möglichkeit, gültige Erkenntnisse zu erwerben, gleichsam als die innerseelische Spiegelung oder Entsprechung der Ordnungen und Gesetzmäßigkeiten unseres Weltsystems."* (Riemann 1961, S. 134)

Das Bedürfnis nach Dauerhaftigkeit, Zeitlosigkeit und Ewigkeit gehört zu jedem Menschen. Es ist die Wurzel unserer Angst vor dem Tod und unseres Wunsches nach Leben. Wie tief es in uns verwurzelt ist, erleben wir sofort, wenn Vertrautes, Gewohntes oder für unveränderlich Gehaltenes sich plötzlich verändert oder gar ganz aufhört zu existieren. In solchen Momenten werden wir uns schauerlich bewußt, wie vergänglich und zeitgebunden unsere Welt doch ist.

Stellen wir uns vor, welche Folgen es haben wird, wenn ein Mensch die Angst vor der Vergänglichkeit so stark erlebt, daß er sein Leben vollständig an dem Streben nach Dauerhaftigkeit und Sicherheit orientiert. Die grundlegendste Folge wird sein, daß er die Neigung hat, alles beim alten zu belassen. Änderungen jeder Art erinnern an die

Vergänglichkeit, die er ja soweit wie möglich vermeiden will. Daher sucht er immer das Gleiche, Bekannte und Vertraute wiederzufinden oder wiederherzustellen. Wenn sich etwas verändert, fühlt er sich gestört, beunruhigt, ja geängstigt. Er wird deshalb versuchen, Veränderungen möglichst zu unterbinden, aufzuhalten oder einzuschränken. Er wendet sich gegen Neuerungen, wo sie ihm begegnen, was aber häufig zu einer wahren Sisyphusarbeit wird, denn das Leben ist immer im Fluß, alles ist in fortwährender Wandlung in immerwährendem Entstehen und Vergehen begriffen, das sich nicht aufhalten läßt.

Wie kann ein solcher Versuch überhaupt aussehen? Man wird etwa an Meinungen, Erfahrungen, an Einstellungen, Grundsätzen und Gewohnheiten eisern festhalten und sie nach Möglichkeit zum immer gültigen Prinzip, zur unumstößlichen Regel, zum „ewigen Gesetz" machen wollen. Neuen Erfahrungen wird man ausweichen oder, wenn das nicht möglich ist, sie umdeuten und versuchen, sie an das schon Bekannte und Gewußte anzugleichen. Das kann bis zur bewußten oder unbewußten Unredlichkeit gehen, indem man etwa Details des Neuen übersieht, tendenziös mißversteht oder einfach ablehnt.Dabei geht es um die Rettung einer erstarrten Einstellung, die nicht erschüttert werden darf. Die Geschichte der Wissenschaft ist voller Beispiele dafür und für das unfruchtbare Streiten darüber, wer „recht" hat. Prof. Hermann Simon drückt dies folgendermaßen aus: „Die Geschichte des Menschen ist die Geschichte vom Kampf der Erneuerer gegen die Bewahrer."

Das Problem eines Bewahrers ist seine Angst vor Neuem. Darin stecken allerdings, wie so oft im Leben, auch seine größten Stärken. Stabilität, Zuverlässigkeit, Ausdauer, Geduld und Pflichtgefühl zeichnen ihn aus. So ist es ihm gegeben, sehr detailliert zu planen, mit Konsequenz und Zähigkeit diese Pläne umzusetzen und auch in Krisenzeiten daran festzuhalten. Zwar ist er Neuem gegenüber nicht sonderlich aufgeschlossen, aber er unterliegt nicht der Gefahr naiven Fortschrittsglaubens. Er läuft nicht Gefahr, mit hochspekulativen Aktien Geld zu verlieren, weil er nur sichere Festgeldpapiere im Depot hat. Wenn man an Bekanntem festhält, sieht man Neuem zwangsläufig mit Mißtrauen und Vorurteilen entgegen. Daher wird alles Fremde erst einmal akribisch durchleuchtet und detailverliebt geprüft, bis man eine Schwachstelle findet. Und schon befindet man sich im Kreislauf der sich selbst erfüllenden Prophezeiung, die leicht die Grenze zum Selbstbetrug überschreitet. Man beraubt sich selbst der Früchte, die eine neue Entwicklung mit sich bringen könnte. Ist man Neuem gegenüber überkritisch und verschlossen, erliegt man der Gefahr, Weiterentwicklung zu bremsen, zu hemmen oder zu verhindern – auch die eigene.

Wir alle haben diese Angst in uns und empfinden eine tiefe Befriedigung, wenn wir gewisse Dinge so wiederfinden, wie wir sie verlassen haben. Um dennoch am Lauf der Welt Freude zu haben, hilft es nur, Gegenkräfte aufzubauen, die uns helfen, der Vergänglichkeit standzuhalten: Mut, Glaube und Selbstvertrauen.

2. Der Erneuerer: Das Bedürfnis nach Neuem – die Angst vor Starrheit

Einstellung: „Ich will etwas Neues, anderes und Aufregendes machen."

> **Genauso wie der Wunsch nach Dauerhaftigkeit und Sicherheit gehört auch die Sehnsucht nach Neuem und dem Reiz des Unbekannten zu unserem Leben: den Duft und den Zauber des Abenteuers zu erleben, ferne Länder zu bereisen, interessante Menschen kennenzulernen, fremde Kulturen zu entdecken und die verschiedensten Eindrücke zu sammeln. So wie der „Bewahrer" Angst hat vor der Veränderung und Erneuerung, so hat der „Erneuerer", d.h. ein Mensch mit überwiegendem Erneuerungsanteil, Angst vor Unveränderlichkeit und Gleichförmigkeit. Dieser Persönlichkeitsanteil ist das Gegengewicht zu dem vorher beschriebenen.**

Die zugrundeliegende Angst ist hier die Angst vor Endgültigem, vor Unausweichlichem, vor Notwendigkeiten und vor Begrenztheit. Negative Erlebnisse des Eingeschränktseins oder der weitgehenden Unverbindlichkeit in der Kindheit können dazu führen, daß jede Form von Verbindlichkeit bereits im Ansatz gemieden wird und an deren Stelle ein überzogenes Freiheitsstreben tritt. Es geht darum, Neues zu wagen, Risiko auf sich zu nehmen und offen in die Zukunft zu schauen. Traditionen, Einschränkungen, festgelegte Gesetzmäßigkeiten, die für den „Bewahrer" die höchsten Werte darstellen, erzeugen lediglich Abneigung.

Als Konsequenz daraus ergibt sich eine Lebenseinstellung, die darauf basiert, nichts verbindlich zu nehmen und keine Verpflichtungen einzugehen. Die Realität wird dementsprechend sehr dehnbar wahrgenommen: Alles wird in Frage gestellt, relativiert, bagatellisiert oder übersehen. Alles ist Auslegungssache und so verdrehbar, daß man sich nicht direkt damit zu konfrontieren braucht. Für alles gibt es eine Lösung, man braucht nur genügend Phantasie. Probleme werden am liebsten in die Zukunft verschoben; daraus ergeben sich dann weitere Probleme, die aber ebenfalls nicht angepackt werden. Und der beste Weg, sich Verpflichtungen zu entziehen, besteht darin, sich in die Gegenwart zu flüchten – „Carpe diem" als Flucht vor den Fehlern der Vergangenheit und den Problemen der Zukunft. Immer nur den Moment zu leben, als gäbe es keine Vorgeschichte und keine Folgen, hilft, die Last des Lebens abzuwerfen.

Aber je mehr man sich von der Realität entfernt, um so mehr bezahlt man seine Scheinfreiheit damit, daß man sich in der „wirklichen Wirklichkeit" nicht auskennt, mit ihr nicht umgehen kann. Das führt dann dazu, daß die Versuche, sich doch mit ihr einzulassen, zu wenig gekonnt sind und daher enttäuschend verlaufen, woraufhin man sich noch mehr in seine Wunschwelt zurückzieht und die Kluft zwischen Wunschwelt und Wirklichkeit immer größer wird – der Teufelskreis bei Menschen mit hysterischer Struktur. (Riemann 1961, S. 195)

Menschen, deren Persönlichkeitsstruktur von einem hohem „Erneuerer"-Anteil geprägt ist, besitzen ihre Stärken vor allem darin, daß sie sehr flexibel, kontaktfreudig, redegewandt und improvisationsstark sind. Häufig liegen ihre Stärken auch im künstlerischen oder schauspielerischen Bereich oder in Tätigkeiten, bei denen viel Phantasie und Kreativität gefragt ist. Risikobereitschaft, Unternehmungslust, Lebendigkeit, Begeisterungsfähigkeit und Spontaneität sind in dieser Gruppe zu finden. Das Leben wagemutig wie ein buntes Abenteuer zu sehen und es möglichst reich, vielfältig und intensiv zu genießen ist ein Lebensmotto, das diesem Persönlichkeitsanteil entspringt.

3. Der Gesellige: Das Bedürfnis nach Gemeinschaft – die Angst vor Einsamkeit

Einstellung: „Komm, laß uns so sein wie die anderen."

> **Die Sehnsucht nach Gemeinschaft ist ein grundlegendes menschliches Bedürfnis und ist verbunden mit der Angst vor Einsamkeit. Der Wunsch nach vertrautem Kontakt zu anderen, die Sehnsucht, zu lieben und geliebt zu werden, gehört zu unserem Wesen und ist ein Merkmal der Menschlichkeit überhaupt. Die Persönlichkeitsstruktur eines Menschen mit extrem starken „geselligen" Anteilen ist gekennzeichnet durch eine gewisse Ich-Aufgabe zugunsten des Wunsches, Teil einer Gemeinschaft zu sein. Die Möglichkeit, diesen Wunsch zu leben, ist aber zunächst an die Anwesenheit eines oder mehrerer anderer gebunden. Dadurch ist bereits eine Abhängigkeit dieser Menschen von anderen bedingt. Sie sind bereits aufgrund ihrer erhöhten Sehnsucht nach Geselligkeit mehr auf einen oder mehrere Partner angewiesen als andere.**

Wenn nun ein Mensch einen anderen so dringend braucht, dann wird er konsequenterweise versuchen, die Distanz zu ihm möglichst gering zu halten. Er will dem anderen in jedem Moment so nahe wie möglich sein, da ihn die trennende Kluft peinigt. Nicht mit einem anderen Menschen zusammenzusein löst in ihm Verlassens- und Einsamkeitsängste aus. Was kann er also tun, um seine Trennungs- und Verlustgefühle möglichst gering zu halten? Eine Lösung ist es, die gegenseitige Abhängigkeit zu erhöhen. Wer von jemandem abhängig ist, braucht ihn, und Gebrauchtwerden erhöht die Wahrscheinlichkeit, nicht verlassen zu werden. Deshalb strebt er danach, andere von sich abhängig zu machen oder aber selber kindlich abhängig zu bleiben, da man einen hilflosen und unschuldigen Menschen doch nicht verlassen kann.

Es fällt ihm generell schwer, eine eigene Identität und Selbständigkeit zu entwickeln, da jede Form der Individualität und Eigenständigkeit bedeutet, sich von anderen zu entfernen. Er versucht alles, was ihn von anderen unterscheidet, aufzugeben, da es ihn von anderen trennt. Er paßt seine Kleidung, sein Auftreten, ja selbst seine Meinung anderen an. Er ist das berühmte Fähnchen im Wind. Seine eigene Position gegen die der Mehrheit zu vertreten liegt ihm fern, auch dann, wenn er von deren Richtigkeit überzeugt ist.

Je weniger wir gelernt haben, unser Eigen-Sein, unsere Selbständigkeit zu entwickeln, um so mehr brauchen wir andere. So stellt sich die Verlustangst heraus als die Kehrseite der Ich-Schwäche. Daher muß der Versuch, sich gegen die Verlustangst dadurch zu sichern, daß man immer mehr von sich aufgibt, scheitern, ja das Gegenteil bewirken. Denn wer sein Ich nicht stark entwickelt, braucht ein stärkeres Ich draußen als Halt, von dem er immer abhängiger wird, je schwächer er selbst bleibt. (Riemann 1961, S. 83)

Die Stärken des „Geselligen" liegen in einer sehr hohen Sensibilität für soziale Begebenheiten, Einfühlungsvermögen, Opferbereitschaft und der Fähigkeit, auch Schweres mit dem Partner durchzustehen. Er ist charakterisiert durch die Fähigkeit, sich anderen Menschen zuzuwenden, durch Hilfsbereitschaft, Fürsorglichkeit, Verständnis, die Fähigkeit zu verzeihen, Verzichtbereitschaft und Demut. Allzuleicht lassen sich solche Menschen auch von anderen ausnutzen.

4. Der Individualist: Das Bedürfnis nach Individualität – die Angst vor Anpassung

Einstellung: „Ich will anders sein als die anderen."

In uns allen steckt der Wunsch, ein unverwechselbares und einzigartiges Individuum zu sein. Wie sehr, sehen wir daran, wie unangenehm es sein kann, mit jemand anderem verwechselt oder mit falschem Namen angesprochen zu werden. Das Streben, uns von anderen zu unterscheiden, ist uns ebenso zu eigen wie das Streben, Teil einer Gemeinschaft zu sein. Der individualistisch orientierte Mensch richtet sein Leben jedoch nach Selbstentfaltung und Unabhängigkeit aus. Er strebt danach, so wenig wie möglich auf andere angewiesen zu sein, niemanden zu brauchen, niemandem verpflichtet zu sein und seine eigenen Entscheidungen frei treffen zu können. Folglich distanziert er sich von seinen Mitmenschen, da in einer Gemeinschaft eingebunden zu sein heißt, auf andere Rücksicht nehmen und sich anpassen zu müssen.

Ihm ist es wichtig, sein eigener Herr zu sein. Andere empfinden ihn schnell als aggressiv, da er seine Unabhängigkeit schnell bedroht sieht und auch vehement zu verteidigen sucht. Es bedarf oft nur einer geringen Übertretung der Grenzen, die er für seinen persönlichen Schutz für notwendig hält, um andere schroff zurechtzuweisen. Er scheut Nähe und Intimität mit anderen und versucht, Beziehungen zu versachlichen. Deshalb wirkt er auf andere kühl, distanziert, unpersönlich, schwer ansprechbar und kalt. Diese Distanziertheit wirkt auf seine Umwelt oft verwirrend. Ihm passiert es regelmäßig, daß Mitmenschen das Gefühl haben, sich vor kurzem gut mit ihm unterhalten zu haben, und plötzlich kennt er sie gar nicht mehr. So hinterläßt er schnell, ohne daß es ihm bewußt wäre, einen arroganten oder hochnäsigen Eindruck.

Zwischen ihm und der Umwelt klafft dadurch eine breite Kontaktlücke, die mit den Jahren immer breiter wird und ihn mehr und mehr isoliert. Das hat nun immer problematischere Folgen: Durch die Ferne zur mitmenschlichen Umwelt weiß er zu wenig von anderen; es entstehen zunehmend Lücken in der Erfahrung über sie und daraus Unsicherheiten im mitmenschlichen Umgang. So weiß er nie recht, was im anderen vorgeht, denn das erfährt man, wenn überhaupt, ja nur in vertrauter Nähe und liebender Zuwendung. Daher ist er auf Vermuten und Wähnen angewiesen in seiner mitmenschlichen Orientierung, und deshalb wieder zutiefst unsicher, ob seine Eindrücke und Vorstellungen von anderen, ja schließlich sogar, ob seine Wahrnehmungen nur seine Einbildung und Projektion, oder aber Wirklichkeit sind. (Riemann 1961, S. 35)

Man kann sich leicht vorstellen, wie quälend diese Situation auf Dauer sein kann. Vor allem dann, wenn man sie gerade wegen des fehlenden Kontaktes nicht korrigieren kann, denn jemandem seine Unsicherheit zu gestehen, setzt Vertrauen und Nähe voraus. Deshalb befürchtet er schnell, ausgelacht und nicht verstanden zu werden.

Die positiven Seiten des „Individualisten" zeigen sich vor allem in seiner souveränen Selbständigkeit, Unabhängigkeit und Autonomie. Er besitzt die Fähigkeit, gegebene Fakten so zu sehen und zu akzeptieren, wie sie sind. Scharfe Beobachtungsgabe, emotionslose Sachlichkeit und logisch-analytisches Denkvermögen zeichnen ihn aus. Solche Menschen vertreten ihre Meinung deutlich und kompromißlos, auch dann, wenn sie buchstäblich alleine damit sind. Durch Fassade oder Unechtes lassen sie sich nicht täuschen. Hohes Selbstvertrauen und Illusionslosigkeit ermöglichen ihnen, daran zu glauben, daß sie ihr Schicksal selbst in der Hand haben, und dementsprechend ist auch ihr Auftreten.

Spannungsfeld der Persönlichkeitstypen

Welche Bedeutung hat nun die unterschiedliche Ausprägung unserer Persönlichkeitsanteile für unsere Persönlichkeit und unsere soziale Kompetenz? Zunächst wird deutlich, daß jemand, der von allen vier Teilen wenig besitzt, auch wenig Persönlichkeit hat. Dementsprechend verfügt jemand, der starke Ausprägungen von jedem der vier Persönlichkeitsteile besitzt, über eine starke Persönlichkeit. Nur derjenige kann sowohl einen Bewahrer als auch einen Erneuerer gut verstehen, der selbst einen gewissen Anteil von beiden in sich trägt. Was wir bei uns selbst nicht kennen, können wir auch bei anderen *nicht verstehen*. Das gleiche gilt für Gesellige und Individualisten. *Daraus wird deutlich, daß Persönlichkeit und soziale Kompetenz untrennbar miteinander verbunden sind.*

Jemand, der einseitig bewahrungsorientiert ist (Abb. 17, oben links), wird sein ganzes Leben danach ausrichten, die Gegebenheiten um ihn herum mit allen Mitteln aufrechtzuerhalten. Jeder Veränderung steht er nicht nur mißtrauisch, sondern ablehnend gegenüber, auch dann, wenn sie zum Guten ist, was er allerdings aufgrund seiner Einstellung kaum erkennen kann. Alles Neue ist für ihn ja erst einmal schlecht. Einseitig orientierte Menschen haben in dieser Orientierung ihre größte Stärke und gleichzeitig ihre empfindlichste Schwäche.

Eine Person, die beispielsweise sowohl nach individualistischen als auch erneuerischen Maßstäben lebt (Abb. 17, oben rechts), verfügt bereits über ein wesentlich breiteres Spektrum an Verhaltensvariationen. In ihrem Leben entsteht eine Wechselwirkung zwischen zwei Polen und somit ein erweiterter Blickwinkel. Daraus ergibt sich jedoch noch keine ausgewogene Sicht der Welt, da die Bedeutung von Beständigkeit und Gemeinschaft den Werten Erneuerung und Individualität seiner Meinung nach unterlegen ist.

Ein Mensch kann sich erst dann ein realitätsnahes Bild von der Welt machen, wenn er selbst in sich ausgeglichen ist. Jedes innere Ungleichgewicht bringt eine Verzerrung der äußeren Eindrücke mit sich. So wird jemand, der in allen Dimensionen über ähnliche, aber sehr schwache Ausprägungen verfügt (Abb. 17, unten links), eine relativ realistische Sichtweise haben. Trotz dieser Ausgeglichenheit verfügt er jedoch nicht über eine starke Persönlichkeit, weil die jeweiligen Verhaltensweisen zu schwach ausgebildet sind.

Eine starke Persönlichkeit hat derjenige, dem es gelingt, in allen Dimensionen Erfahrungen mit sich und seiner Umwelt zu sammeln und diese in der Gegenwart zu verwerten (Abb. 17, unten rechts).

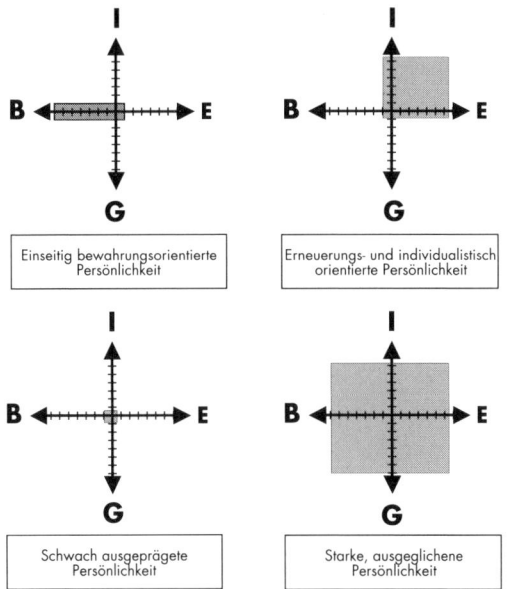

Abb. 17: Spannungsfelder der Persönlichkeitstypen mit unterschiedlicher Ausprägung der Persönlichkeitsanteile

Wie entwickeln wir unsere Persönlichkeit?

Unsere Persönlichkeit setzt sich, wie oben dargestellt, aus verschiedenen Anteilen zusammen. Persönlichkeit ergibt sich aus deren Ausprägungsstärke und wechselseitigen Ausgewogenheit. Wir entwickeln diese Anteile in verschiedenen Phasen unseres Lebens. In der Schule, im Studium oder in der Ausbildung sind wir beispielsweise häufig gezwungen, uns unterzuordnen und gemeinsam mit anderen vorgegebenen Lehrplänen zu folgen. Wir müssen uns der Kontrolle von Lehrern und Professoren unterwerfen und unangenehme Folgen auf uns nehmen, wenn wir rebellieren. Zwar wächst in uns der Wunsch nach Freiheit und Individualität, aber in dieser Zeit lernen wir vor allem, mit anderen auszukommen, uns unterzuordnen und in die Gemeinschaft einzufügen. Wir leben nach einem festen Tagesablauf, der sich Woche für Woche wiederholt, und können nicht lernen, was wir wollen, sondern müssen lernen, was im nächsten Test verlangt wird, nach dem wir bewertet werden. Es wächst der Wunsch nach Veränderung, aber gleichzeitig lernen wir den Wert von Zuverlässigkeit und Beständigkeit (Bewahrung).

Zerbrochene Liebesbeziehungen fordern von uns, alleine zurechtzukommen, ohne den geliebten Partner. Wir müssen Individualität entwickeln, auch wenn der Schmerz des Verlustes unerträglich stark auf uns lastet. In jeder Phase unseres Lebens haben wir die Chance, uns weiterzuentwickeln, wenn wir bewußt damit umgehen. Dabei entwickeln sich häufig die Chancen aus Krisen. Übrigens macht die chinesische Sprache zwischen Krise und Chance keinen Unterschied. Das chinesische Zeichen für Krise und Chance ist das gleiche und zeigt damit genau diesen Zusammenhang. *Persönlichkeit entwickelt sich in einem Menschen dann, wenn er mit vielen verschiedenen Situationen konfrontiert wird und ihm das Verhältnis zwischen persönlichem Erfolg und Mißerfolg erlaubt, ein starkes Selbstbewußtsein zu entwickeln.*

Das Erleben zahlreicher Höhen und Tiefen prägt einen Menschen mehr als gleichförmige Eintönigkeit. Der amerikanische Präsident Roosevelt hat dies folgendermaßen ausgedrückt: „Es ist besser, Großes zu wagen, ruhmvolle Siege zu feiern, von Niederlagen wechselvoll gestaltet, als sich mit jenen kleinen Geistern vergleichen zu müssen, die in dem grauen Halbdunkel leben, das weder Sieg noch Niederlage kennt."

Anwendung

Es ist leicht vorstellbar, wie sich ein Mensch, dessen Persönlichkeit durch einen der vier Teile beherrscht ist, verhält. Jemand, dessen Leben beispielsweise durch das Streben nach Sicherheit und Dauerhaftigkeit dominiert wird, will diese um jeden Preis bewahren. Er gerät dann in Konflikte mit seiner Umwelt, wenn dieses Bedürfnis bedroht wird. Zum Beispiel wird ein Mensch, der so geprägt ist, einen langfristig sicheren Arbeitsplatz anstreben. Dafür ist er bereit, einige Unannehmlichkeiten auf sich zu nehmen. Wird aber sein Leidensdruck dadurch zu groß, daß er sich in einer Firma befindet, in der ständig umstrukturiert wird, in der er häufiger wechselnden Abteilungen angehört oder unentwegt neue Kollegen oder Vorgesetzte hat, dann wird er dieses Umfeld sehr schnell verlassen und sich einen anderen Arbeitgeber suchen. Im Gegensatz zu einem Bewahrer würde ein Erneuerer an einem derart dynamischen Umfeld vielleicht sogar Gefallen finden.

Menschen sind motiviert, sich die Bedingungen zu suchen, die ihrer psychischen Struktur entsprechen. Bevor man deshalb mit jemandem verhandelt oder versucht, einen Konflikt zu lösen, ist es von essentieller Bedeutung zu verstehen, was diesem Menschen wichtig ist. Bedingungen, die der eine liebt, können für einen anderen abstoßend sein. Gerade als Vorgesetzter sollte man dies beachten. Der einfachste Weg, herauszufinden was der andere will, ist immer noch, mit ihm zu reden und ihn zu fragen. Dabei sollte man Fragen stellen, die alle vier Persönlichkeitsanteile abklopfen. Wenn Sie beispielsweise einem Geselligen die Frage stellen, ob er lieber in einem Einzelbüro oder in einem Gruppenbüro sitzt, wird er sich mit hoher Wahrscheinlichkeit für ein Gruppenbüro entscheiden. Für das Einzelbüro würde sich eher jemand mit starken individualistischen Persönlichkeitsanteilen entscheiden. Bei der Einführung eines neuen Computersystems sollten Sie nicht jemanden einstellen, der starke Bewahreranteile hat, sondern einen Erneuerer.

Wenn sie mit Menschen zusammenarbeiten, die in ihrer Persönlichkeitsstruktur sehr ausgeglichen sind, so werden Sie ohnehin keine starken Konflikte oder Widerstände zu erwarten haben, da diese Menschen sich in der Regel durch ein hohes Maß an Toleranz und Verständnis auszeichnen. Diejenigen, die am häufigsten in Konflikte geraten, sind in der Regel die einseitig geprägten Menschen. Fragen Sie sich doch einmal, wie Ihre eigene Persönlichkeitsstruktur aussieht. Welche Anteile sind stark ausgeprägt und welche schwach? Sind Sie einseitig geprägt oder ausgeglichen? Welcher Anteil dominiert, und warum? (Vielleicht dominiert der Anteil, der Ihnen in der Vergangenheit am nützlichsten war?)

Wenn Sie selbst jemand sind, der häufig mit anderen in Konflikt gerät, dann gibt Ihnen das obige Schema einen Hinweis darauf, wo Ihre Schwächen und somit Ihre Entwicklungschancen liegen. Wenn Sie starke Bewahreranteile haben, neigen Sie dazu, mit Menschen in Konflikt zu geraten, die nur schwache Bewahreranteile haben oder stark erneuerungsorientiert sind, also gegensätzlich orientiert sind wie Sie selbst. Individualisten neigen besonders dazu, mit Geselligen in Konflikt zu geraten. Wir geraten meist mit den Menschen in Konflikt, die aufgrund ihrer Persönlichkeitsstruktur *andere* Prioritäten und *andere* Ansichten haben. Dies sind Meinungs-, Bewertungs- und Beurteilungskonflikte. Der erste Schritt, solche Konflikte zu lösen, liegt deshalb darin, zu verstehen, warum der andere sich so verhält oder äußert, wie er es tut. Häufig geht in diesem Fall mit dem Verständnis auch eine Entspannung des Konfliktes einher.

Schwieriger ist es bei Verteilungs- oder Rangkonflikten, die daraus entstehen, daß ein bestimmtes Gut nur begrenzt zur Verfügung steht, z.B. Firmenwagen, Computer, Büroräume usw. In diesem Falle kommen Sie meist mit jemandem in Konflikt, der die *gleichen* Persönlichkeitsanteile hat wie Sie und der deshalb nach dem gleichen strebt. In diesem Fall gibt es häufig einen Gewinner und einen Verlierer. Wie wir oben gesehen haben, bringt dies langfristig Probleme mit sich, weil keiner akzeptieren wird, regelmäßig der Verlierer zu sein. Deshalb sollte man in solchen Fällen immer auch einen Bezug zu anderen Konfliktpotentialen herstellen und nicht jeden Konflikt einzeln aushandeln.

Wenn Sie beispielsweise mit einem Kollegen einen Streit darüber haben, wer wann den Firmenwagen benutzen darf, dann ist es nicht ratsam, sich ausschließlich auf diesen Konflikt zu konzentrieren. Zwar könnten Sie eine zeitliche Lösung finden, nach dem Motto: Jeder bekommt ihn abwechselnd eine Woche, aber wesentlich mehr Lösungsmöglichkeiten ergeben sich, wenn Sie andere Verteilungskonflikte mit einbeziehen. Da es in jedem Unternehmen nur begrenzte Ressourcen gibt, gibt es sicherlich mehrere derartige Konflikte. Vielleicht gibt es in der Firma nur begrenzten Zugang auch zu bestimmten anderen Geräten, Dienstleistungen etc. (Laptops, Handys, Maschinenkapazitäten, Seminarplätze, Schulungsangebote, geschäftliche Fernreisen, Firmenparkplätze, Präsentationsmöglichkeiten ...) Wenn Sie diese gesamte Situation in Ihre Lösung miteinbeziehen, dann erhöhen Sie die Chancen ganz beträchtlich, daß am Ende jeder als Gewinner dasteht. Langfristig kommt Ihnen das sehr viel mehr zugute als die kurzzeitige Befriedigung, einen kleinen Sieg über den anderen davongetragen zu haben.

Zusammenfassung:

→ Unsere Persönlichkeit setzt sich aus verschiedenen Anteilen zusammen. Persönlichkeit ergibt sich aus ihrer wechselseitigen Ausprägungsstärke und ihrer wechselseitigen Ausgewogenheit.

→ Persönlichkeit entwickelt sich in einem Menschen dann, wenn er mit vielen verschiedenen Situationen konfrontiert wird und ihm das Verhältnis zwischen persönlichem Erfolg und Mißerfolg erlaubt, ein starkes Selbstbewußtsein zu entwickeln.

→ Zur Entfaltung unserer Persönlichkeit ist es wichtig, allen Anteilen in uns Beachtung zu schenken und sie zu entwickeln.

→ Was wir bei uns selbst nicht kennen, können wir auch bei anderen nicht verstehen. Dies bildet eine Hauptursache persönlicher Konflikte.

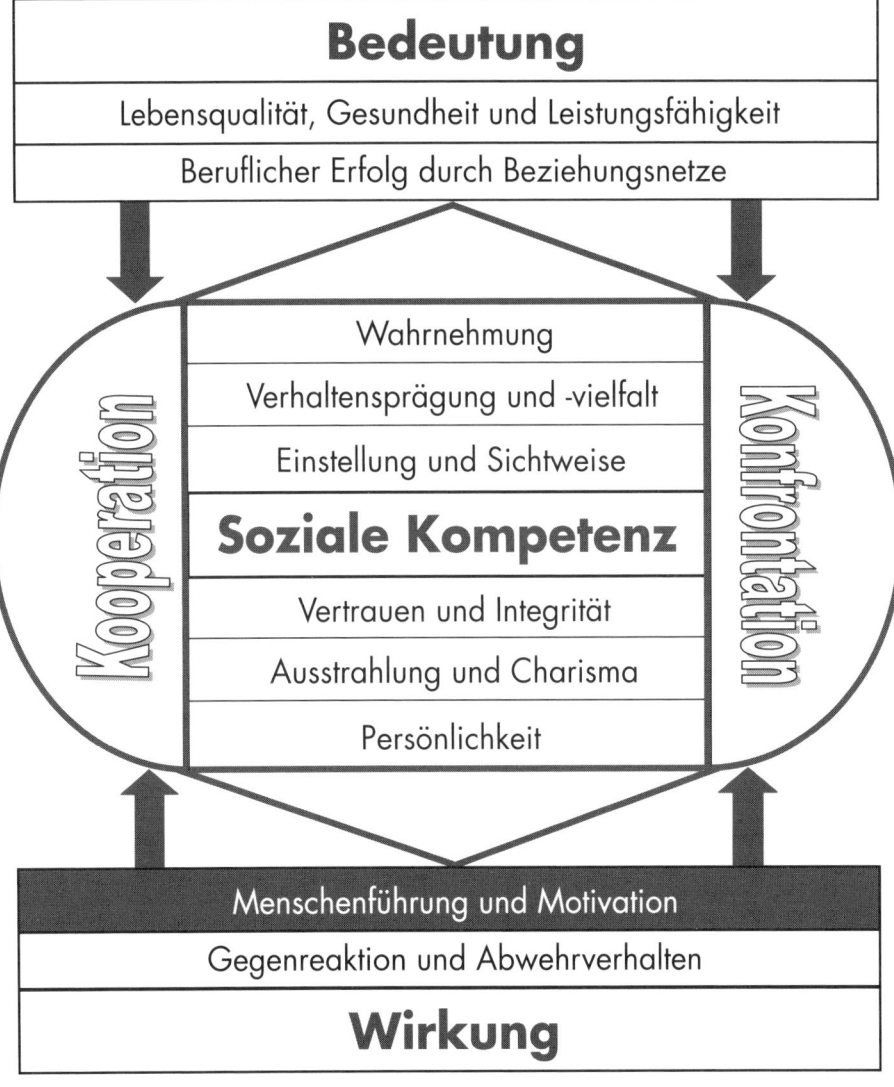

Bedeutung

Lebensqualität, Gesundheit und Leistungsfähigkeit

Beruflicher Erfolg durch Beziehungsnetze

Kooperation

Konfrontation

Wahrnehmung

Verhaltensprägung und -vielfalt

Einstellung und Sichtweise

Soziale Kompetenz

Vertrauen und Integrität

Ausstrahlung und Charisma

Persönlichkeit

Menschenführung und Motivation

Gegenreaktion und Abwehrverhalten

Wirkung

4. Wirkung sozialer Kompetenz

4.1 Menschenführung und Motivation

„Wer seinen Willen durchsetzen will, muß mit leiser Stimme sprechen!"
– *Jean Giraudoux* (1882-1944), französischer Schriftsteller und Diplomat.

Möchte man mittels sozialer Kompetenz Konflikte lösen oder vermeiden, bedarf es der Erkenntnis, wo die Ursache der Probleme liegt. Häufig ist es besonders wichtig, vorbeugend handeln zu können, da das offene Ausbrechen eines Konfliktes dessen Lösung unmöglich machen kann.

In Unternehmen ist dies häufig dann der Fall, wenn Vorgesetzte und Mitarbeiter sich so tief in Konflikte verstrickt haben, daß es keinen anderen Ausweg mehr gibt als die Kündigung. Die Ursache solcher Konflikte liegt oft im Mangel an gegenseitiger Wertschätzung und Achtung, wobei Sympathie und Antipathie eine wesentliche Rolle spielen. Die Bedingungen des Arbeitsmarkts lassen es jedoch leider meist nicht zu, daß sich jeder Vorgesetzte genau den Mitarbeiter aussuchen kann, der ihm am sympathischsten ist. Genausowenig kann sich ein Mitarbeiter seinen Vorgesetzten aussuchen. Beide Parteien müssen sich deshalb im Falle geringerer Sympathie eine gewisse Toleranz zulegen. Das Thema, welches allerdings die meisten Mißverständnisse auf beiden Seiten auslöst, bezieht sich auf Unterschiede in Arbeitseinstellung und Motivation. Viele Vorgesetzte werfen ihren Mitarbeitern mangelnden Arbeitswillen vor, ohne zu erkennen, daß ihr eigenes Führungsverhalten oft ein wesentlicher Grund dafür ist. Von Führungskräften wird wiederum die Fähigkeit verlangt, ihre Mitarbeiter zu motivieren. Warum dies sehr problematisch ist, soll im Anschluß verdeutlicht werden.

Soziale Kompetenz ist gerade in der Mitarbeiterführung eng mit dem Thema Motivation verknüpft. Häufig sind es Konflikte zwischen Mitarbeitern untereinander oder Mitarbeitern und ihren Vorgesetzten, die ein demotivierendes Arbeitsklima schaffen, unter dem beide Parteien leiden, ohne jedoch in der Lage zu sein, es zu verändern. So münden anfänglich unbedeutende Probleme oder Mißverständnisse in Spiralen von

Konflikten, schaffen verhärtete Fronten und zerstören so die Motivation aller Beteiligten. Dadurch entstehen wiederum neue Konflikte, und so findet dieser Kreislauf kein Ende. Da soziale Kompetenz, Mitarbeiterführung und Motivation drei Glieder der gleichen Kette und zentrale Themen im Berufsalltag sind, soll in diesem Kapitel ausführlicher darauf eingegangen werden.

Motiviert zu sein ist menschlich.
Menschen zu motivieren ist schwierig.

Motiviert zu sein macht Spaß. Mit Energie etwas anzupacken und zu sehen, wie man aus eigener Kraft etwas bewegen kann, bereitet uns Menschen nahezu unendlich viel Freude. Aus eigener Kraft einem Traum, einer Vision oder einem Vorhaben Leben zu verleihen erzeugt in uns Glücksgefühle wie nichts anderes in dieser Welt. In uns allen schlummert die Sehnsucht, das zu tun, was uns wirklich am Herzen liegt, und uns um das kümmern zu können, was uns wirklich wichtig ist.

Menschen blühen auf, wenn sie sich einer solchen Aufgabe voll und ganz widmen. Sie haben das Gefühl, im Einklang mit sich und dem Leben zu sein. Alles andere erscheint vergleichsweise uninteressant und langweilig. Nichts beflügelt mehr, als seine Zeit einem bestimmten Vorhaben zu widmen. Schon als Kind lernt jeder dieses Gefühl kennen. Vielleicht war dieses wichtige Etwas damals die eigene Modelleisenbahn, die Stoffpuppe, der erste Fußball oder das erste Fahrrad, auf dem man tagelang geübt hat, um dann schließlich das überwältigende Gefühl zu haben, auch ohne Stützräder fahren zu können.

Jeder Mensch hatte in irgendeiner Form schon einmal ein solches Erlebnis und weiß, wie es ist, wenn man sich für etwas besonders interessiert und seine ganze Zeit damit verbringen will. Egal, ob es der Beruf, die Familie, der finanzielle Besitz oder ein Sportverein ist. Jeder Mensch kennt das Gefühl, höchst interessiert und motiviert zu sein. Motiviert zu sein ist menschlich!

Leider ist dieses Gefühl der echten, von innen kommenden Motivation in vielen Menschen verschüttet. Es ist begraben unter dem Druck äußerer Zwänge, sozialer Normen, vermeintlich unabänderlicher Lebensumstände und dem Mangel an Mut vieler Menschen, für ihre eigenen Gefühle einzustehen. Unsere kommerzialisierte Leistungsgesellschaft bringt immer mehr Menschen hervor, die bis zur Selbstaufgabe danach streben, im System ihrer ökonomisierten Umwelt zu funktionieren, um einzig und allein Werten und Idealen zu genügen, welche ihnen durch die Gesellschaft auferlegt werden.

Sehr häufig ist es der Fall, daß Menschen sich hinter der geliehenen Sicherheit eines beliebigen Arbeitsplatzes in einem Großunternehmen verstecken, der ihnen an sich keine Freude bereitet, aber ein gewisses Einkommen sichert. Angst, Unsicherheit, mangelndes Selbstbewußtsein und tiefes Mißtrauen gegenüber den eigenen Fähigkeiten hält sie davon ab, auf ihre eigenen Gefühle zu achten. Die Geringschätzung, die sie sich selbst gegenüber empfinden, ist Ursache dafür, daß Menschen ihre Träume von den Mühlen des Alltags zermahlen lassen.

Anfänglich ist sich kaum einer der emotionalen Kosten bewußt, die entstehen, wenn man die eigenen Träume und Vorstellungen aufgibt und für die Ziele anderer arbeitet. Lustlosigkeit, Depressionen und Burn-out-Effekte sind jedoch die unausweichlichen Folgen. Wenn dann noch mehr Motivation gefordert wird, entsteht noch mehr Demotivation und Frustration. Die Ursache dafür liegt oft in einem Mangel an Verständnis hinsichtlich des Themas Motivation selbst, allem voran in dem Irrglauben, man könnte andere Menschen motivieren.

Es ist im gleichen Maße unmoralisch, andere Menschen motivieren zu wollen, wie es unmoralisch ist, andere Menschen zu manipulieren. Und zwar auch dann, wenn man nur „das Beste" für diese Menschen im Sinn hat. Man kann Menschen nur Motive anbieten. Ob daraus Motivation wird, entscheidet die Reaktion ihrer Gefühle. Zur sozialen Kompetenz gehört die Fähigkeit, zu erkennen, welche Motive es sind, die andere bewegen, damit man agieren kann, statt zu reagieren.

Motiviert zu sein beruht nicht auf bewußter Entscheidung. Motivation entsteht durch die Reaktion unserer Gefühle auf bestimmte Reize. Über Jahrhunderte hinweg sind in uns evolutionsbedingte Reiz-Reaktions-Schemata entstanden, die wir heute als Gefühle erleben. Wir können diese Gefühle nicht selbst erschaffen, wir können sie nur empfinden. Genauso, wie man sich nicht dazu zwingen kann, verliebt zu sein, kann man sich auch nicht dazu zwingen, motiviert zu sein. Im gleichen Maße wie es möglich ist, auch ohne Liebe mit einem Partner zusammenzusein, ist es aber möglich, ohne Motivation einen Beruf auszuüben – mit vergleichbaren Folgen. Dabei sollte man bedenken, daß viele Menschen weit mehr Zeit mit ihrem Beruf verbringen als mit ihrem Partner. Sicher, man kann sich anstrengen und mit Disziplin sehr viel erreichen. Es liegt allerdings auf der Hand, daß diese Disziplin nur als Lückenbüßer für den Mangel an innerer Motivation dient und zunehmend mehr Kraft fordert, da man seine eigenen Gefühle betrügt. Langfristig ist ein solches Verhalten die sichere Garantie für ein totales Ausgebranntsein. Raubbau am eigenen Gefühl! Rumtrampeln auf den Wurzeln der Seele!

Ziel dieses Kapitels ist es, das Thema Motivation so zu beleuchten, daß deren Eigenschaften einerseits klar und deutlich umrissen werden, andererseits aber auch deren enorme Komplexität berücksichtigt wird. Dem Leser soll die Möglichkeit geboten werden, Motivation aus verschiedenen Perspektiven zu betrachten und in Bezug zu sozialer Kompetenz zu sehen. Motivation wird im Sinne des Buches definiert als Trieb eines Menschen, etwas zu wollen. Dabei ist es egal, ob es sich um die Motivation von Führungskräften oder Mitarbeitern, um die von Unternehmern oder Beamten handelt. Es geht um die Motivation von Menschen.

Im Tausch Geld gegen Freiheit zerbricht Motivation
oder
Wie Motivation von uns selbst zerstört wird

Von Kurt Lewin, einem bedeutenden deutschen Psychologen, wird folgendes berichtet: Nachdem in Deutschland die Verfolgung der Juden durch die Nationalsozialisten begonnen hatte, floh er in die USA und ließ sich in einem kleinen Haus in einem Vorort von Chicago nieder. Auf der Straße vor dem Haus, in dem er wohnte, spielten jeden Tag die Kinder der Umgebung. Zu seinem Leidwesen wurde er von diesen Kindern als Jude gehänselt, und enttäuscht mußte er feststellen, daß sie nicht auf seine ermahnenden Worte hörten. Da er in diesem Bereich forschte, beschloß er, ein Experiment zu wagen. Als ihn wieder eines der Kinder als Juden beschimpfte, ging er zu ihm hin und gab ihm einen Dollar zur Belohnung. Daraufhin wurde er natürlich ausgelacht und noch mehr verspottet. Aber er gab jedem der Kinder einen Dollar. Am nächsten Tag kamen mehr Kinder, die ihn für einen Dollar beschimpfen wollten. Er allerdings sagte, er habe nicht soviel Geld, und gab jedem nur 50 Cent. Die Kinder waren einverstanden.

Wieder einen Tag darauf kamen noch mehr Kinder, um ihn zu verspotten. Diesmal gab er jedem Kind 25 Cent. Auch dies wurde noch als gutes Geschäft angesehen dafür, daß man jemanden ärgern konnte. Als es sich am vierten Tag unter den Kindern der Nachbarschaft herumgesprochen hatte, kamen so viele, daß Lewin jedem nur noch fünf Cent zahlen wollte. Das war den Kindern allerdings zu wenig. Sie wollten mindestens 20 Cent dafür haben, daß sie ihn beschimpften. Für fünf wollte es niemand machen, in der heimlichen Hoffnung, er würde doch noch mehr zahlen. Nachdem er nicht gezahlt hatte, gingen die Kinder weg. Lewin wurde nie wieder von einem dieser Kinder verhöhnt.

Die ursprüngliche Motivation der Kinder, ihn zu beschimpfen, nämlich die Schadenfreude, einen Erwachsenen auf irgendeine Art und Weise zu hänseln, wurde von Lewin durch einen finanziellen Anreiz ersetzt. Diesen Anreiz jedoch konnte er selbst kontrollieren und systematisch verringern, bis er zu klein war, um als solcher gesehen zu werden. Von der ursprünglichen Motivation der Schadenfreude war letztendlich nichts übrig geblieben: Die Kinder hätten sich nach der Ablehnung der fünf Cents selbst widersprochen, hätten sie ihn nun „kostenlos" beschimpft. Abb. 18 zeigt dies in graphischer Form.

Ähnliches passiert Tag für Tag in unseren Unternehmen. Mit Eifer und Elan starten junge Menschen in ihren ersten Beruf. Oft gerade mit der Hochschule fertig, haben sie hohe Erwartungen an sich selbst und suchen eine Herausforderung, sich zu bewähren.

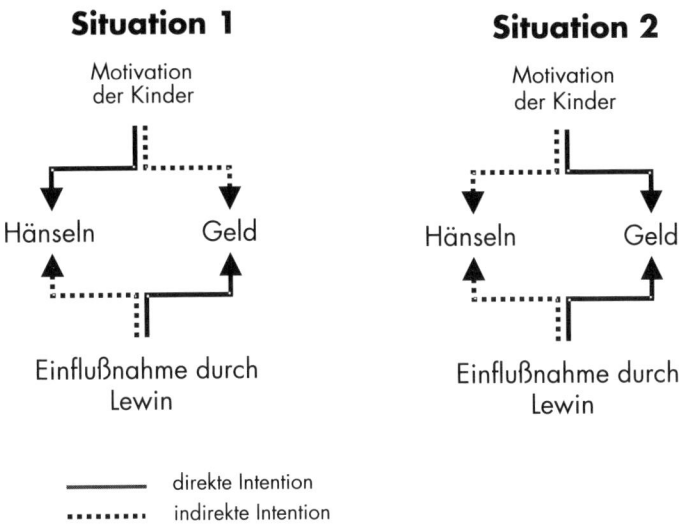

Abb. 18: Das Motivations-Substitutions-Experiment von Lewin

Untersuchungen zeigen, daß Faktoren wie Arbeitsklima, Wachstumschancen und die Möglichkeit zur Selbstentfaltung für Berufsanfänger von weit höherer Bedeutung sind als ein hohes Einstiegsgehalt. Sobald sie allerdings erst einmal in die Strukturen der Unternehmen eingebunden sind, wendet sich das Blatt. Der Verdienst bekommt zunehmend mehr Bedeutung, und andere Dinge treten in den Hintergrund. Nach einer gewissen Zeit mißt man seinen eigenen Wert für das Unternehmen vor allem an der Höhe des Gehalts, das man bekommt. Ziel ist, dieses zu steigern. Dafür arbeitet man, und dafür setzt man sich ein. Und wehe, der Bonus fällt dieses Jahr kleiner aus als im letzten Jahr, oder die erwartete Gehaltserhöhung wird verweigert. Denn wer wäre schon bereit, für weniger Geld mit gleichem Einsatz an seine Arbeit zu gehen?

Die Mehrheit der Angestellten ist ohnehin der Meinung, unterbezahlt zu sein. Durch die Einstellung „Für weniger Geld arbeite ich nicht" bekommt das Gehalt aber den Stellenwert von Schmerzensgeld. „Meine Arbeit ist so minderwertig, daß man mich nur dazu bewegen kann, sie zu tun, wenn man mir genügend bezahlt." Denkt man diesen Gedanken konsequent weiter, dann stellt sich die Frage, wie groß der Prozentsatz der Menschen ist, die ausschließlich für Geld arbeiten. Denn daß es solche Menschen gibt, steht außer Zweifel. Ich möchte betonen, daß ich mich hier nicht auf Men-

schen beziehe, die sich in einer existentiellen Notlage befinden, sondern auf den gro
ßen Teil der Menschen, die die Chance haben, sich in ihrer Arbeit zu verwirklichen,
sie aber versäumen. Diese traurigen Menschen, welche sich morgens aus dem Bett
quälen mit der langweiligen Mission, an diesem Tag möglichst viel Geld verdienen zu
wollen, um reich zu werden. Bemitleidenswerte, seelisch und emotional verarmte Geschöpfe, die nicht erkennen, welche unendlichen Werte die Welt in ihrer Vielfalt bietet, weil sie finanziellen Reichtum mit Lebensqualität verwechseln. Nur auf Geld zu
schauen ist, wie Tennis zu spielen und dabei die Augen auf die Punktetabelle gerichtet
zu halten statt auf den Ball. Man verpaßt das gesamte Spiel, und auf der Anzeigetafel
leuchtet auch nichts auf. Das ist nicht besonders motivierend.

Vorsicht, hier wird nicht gesagt, es sei verwerflich, Reichtum anzusammeln! Im Gegenteil, es ist ein Segen, daß es genügend Menschen gibt, die nach Wohlstand streben
und in Reichtum leben. Wer nicht in gewissem Maße nach Wohlstand strebt, fällt der
Gesellschaft zur Last, indem er von den Errungenschaften anderer profitiert. Vorausgesetzt, daß dieser Reichtum nicht durch ethisch-moralisch verwerfliche Taten erlangt wurde, kann in Reichtum zu leben durchaus erstrebenswert sein, weil es von Beschränkungen und Mißständen befreit. Geld zu haben ist lobenswert, aber für Geld
sich selbst aufzugeben ist eine Schande. Zu wenige Menschen erkennen, daß Geld keinen Selbstzweck besitzt, sondern eine Folgeerscheinung ist. Nicht umsonst sagt man
Er-folg. Es folgt etwas auf Vorheriges.

Der Lohn unserer Arbeit läßt sich nicht allein in Geld messen. Der Lohn unserer Arbeit ermißt sich nicht an dem, was wir am Ende eines Monats auf unserem Lohnzettel
sehen, sondern daran, was wir durch unsere Arbeit werden. Wenn wir nur für Geld arbeiten, werden wir zu abgestumpften, teilnahmslosen und gedemütigten Kreaturen
unserer finanziellen Ziele. Uninteressant für andere Menschen, unmotiviert, ohne
Charisma, ohne Ausstrahlung und langweilig.

Die Menschen hingegen, die für die Verwirklichung eines Traumes kämpfen, die für
ihre Überzeugung einstehen und sich nicht vor den Karren eines anderen spannen lassen, werden zu leidenschaftlichen Kämpfern in eigener Mission. Diese Menschen sind
motiviert. Für Geld zu arbeiten mag kurzfristig Energien freisetzen. Langfristig brauchen Menschen jedoch ein Leitbild, eine Vision, die sie mit Sinnhaftigkeit und Leidenschaft erfüllt. Geld greift dabei zu kurz.

Generell wird die Bedeutung finanzieller Anreize für die Motivation weit überschätzt.
Es liegt in der menschlichen Natur, unter bestimmten Umständen Situationen der
Anforderung geradezu aufzusuchen. Beweist nicht jeder Spielsalon tagtäglich, daß
Menschen sogar bereit sind, Geld dafür zu zahlen, daß ihnen gewisse Anforderungen
gestellt werden?

Allerdings ist es von wesentlicher Bedeutung, daß dabei bestimmte Bedingungen erfüllt sind. Die Wahrscheinlichkeit eines Erfolges darf weder zu gewiß noch zu ungewiß sein. Ist der Erfolg zu sicher, wird die ganze Geschichte schnell langweilig. Gibt es keine Aussicht auf Erfolg, dann ist die Sache zu frustrierend. Herausforderungen aber, die in etwa eine mittlere Erfolgswahrscheinlichkeit aufweisen, werden von Menschen als sehr spannend und aufregend empfunden. Der eigentliche Zweck oder das Ziel der Aufgabe kann dann völlig hinter dem Anreizwert, also dem Gegenwartswert, den die Aufgabe in sich trägt, zurücktreten, ja sogar in Vergessenheit geraten.

Der amerikanische Motivationsforscher Mihaly Csikszentmihalyi (1992) von der Universität Chicago untersuchte die fesselnde Wirkung von Grenzerlebnissen und Aufgaben, die immer neue Herausforderungen eines gerade noch zu bewältigenden Schwierigkeitsgrades mit sich bringen. Er beschreibt, wie in einem Gleichgewicht von Anforderung und Können ein Zustand höchsten Energieflusses entstehen kann. Er nennt seine Entdeckung das „Flow-Erlebnis" (Abb. 19).

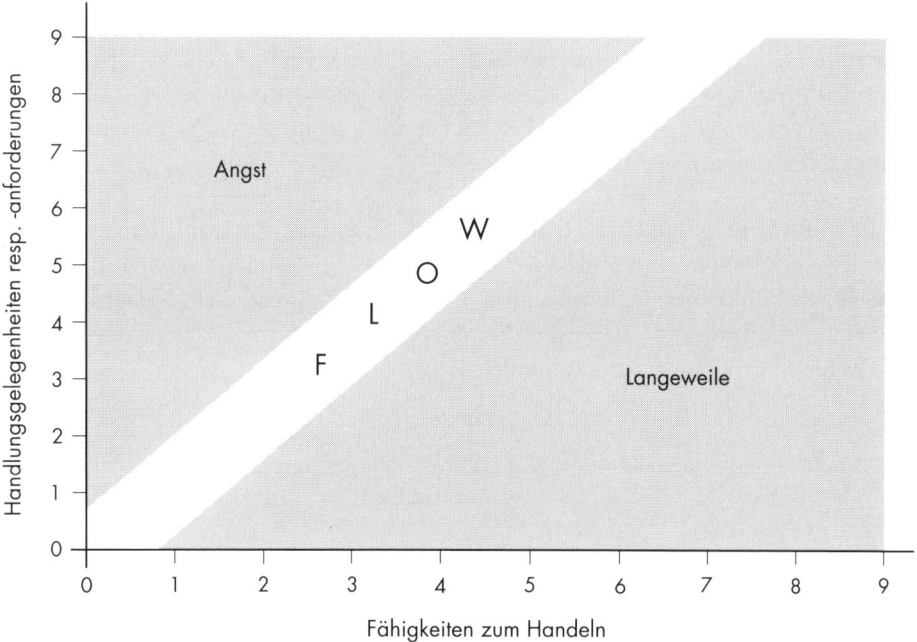

Abb. 19: Das Flow-Modell. Optimales Erleben wird für den Bereich der Diagonale angenommen, in dem das Verhältnis der Anforderungen und Fähigkeiten gleich ist (nach: Mihalyi & Isabella S. Csikszentmihalyi. Die außergewöhnliche Erfahrung im Alltag. Die Psychologie des Flow-Erlebnisses. Aus d. Amerik. v. Ulrike Stopfel und Urs Aeschbacher. © Cambridge University Press, Cambridge 1988. Klett-Cotta, Stuttgart 1991).

Rennfahrer, Bergsteiger, Schachspieler, Chirurgen, Segelflieger, Marathonläufer sowie auch Manager oder Künstler und viele andere Personen, die einerseits schwierige, andererseits aber auch erfolgsversprechende und bestätigende Tätigkeiten ausüben, sind prädestiniert dafür, ein solches Erlebnis, einen solchen Energiefluß oder „Flow" zu erleben. Voraussetzung für dieses Erleben ist ein gewisses Mindestmaß an Fähigkeit, mit der Situation umgehen zu können. Eine Flow-Situation besteht aus den Wechselbeziehungen unterschiedlich langer Folgen von Spannungserzeugung und -lösung, von Furcht vor Versagen, Triumph über die Umstände und maximaler Konzentration auf eine Aufgabe. Damit einher geht oft ein Verlust des Zeitgefühls. Nahezu jeder Mensch hat schon einmal solch einen Zustand erlebt, sei es in einer Prüfungssituation, bei einem Spiel, beim Sex, beim Sport, während der Arbeit oder bei einer kontroversen Diskussion.

Oft kann auch die mangelnde Konkretisierung eines Ziels Menschen in einen solchen Zustand versetzen. So kann es durchaus passieren, daß z.B. ein Student, der im Rahmen seiner Diplomarbeit ein bestimmtes Computerprogramm verwenden will, sich nach einer gewissen Zeit als Softwarespezialist für dieses Programm wiederfindet, ohne nennenswerte Fortschritte in seiner eigentlichen Arbeit gemacht zu haben. In einem solchen Zustand entartet ein Zwischenziel schnell zu einem Endziel. Die Zahnräder einer Uhr werden interessanter als die Zeit. Das Gleichgewicht zwischen Anforderung und Fähigkeit mündet in einen mentalen Zustand, der uns fesselt und so fasziniert, daß unsere volle Aufmerksamkeit und unsere gesamte Bewußtseinskapazität davon eingenommen werden.

Eine Untersuchung von Csikszentmihalyi betrachtet den Zusammenhang zwischen dem jeweiligen Motivationszustand (Flow, Langeweile, Apathie, Angst) und vier verschiedenen Indikatoren (Konzentration, Kreativität, Zufriedenheit, Steuerung). Dabei zeigen sich die in Abb. 20 dargestellten Ergebnisse. Auf der Y-Achse ist die Intensität des jeweiligen Motivationszustandes dargestellt.

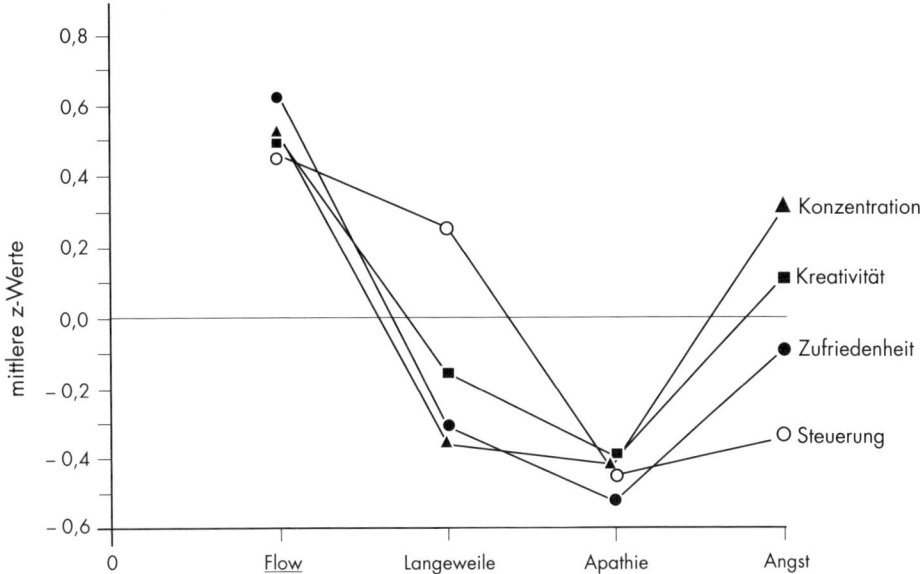

Abb. 20: Qualität des Erlebens in unterschiedlichen Anforderungs-/Fähigkeitskontexten (nach: Mihalyi & Isabella S. Csikszentmihalyi. Die außergewöhnliche Erfahrung im Alltag. Die Psychologie des Flow-Erlebnisses. Aus d. Amerik. v. Ulrike Stopfel und Urs Aeschbacher. © Cambridge University Press, Cambridge 1988. Klett-Cotta, Stuttgart 1991).

Hierbei ist auffallend, daß die höchsten Werte im Zustand des Flow erreicht wurden.
Nicht verwunderlich ist, daß Angst und Apathie die geringste Korrelation mit Steue-
rung (Situationskontrolle) zeigen. Der Zustand des Flow kann relativ kurz und inten-
siv sein, er kann aber auch über längere Zeit andauern und unser Leben bestimmen.
Leben im Flow-Kanal nimmt unsere gesamte Lebensenergie und Schaffenskraft in
Anspruch, es ist eine Phase, in der wir in unserem Tun einen enorm hohen Grad an
Sinn erkennen und es sinnlos erscheint, irgend etwas anderes zu tun. Motivation pur.
So ist es nicht verwunderlich, daß viele Unternehmer von diesem Zusand der höchsten Motivation berichten. Besonders in vielen Bereichen der New Economy mit ihren unzähligen Start-ups bestimmt ein extrem hoher Grad an Motivation das Bild.
Das Gefühl, selbst Gründer einer Firma zu sein, die eines Tages zu Weltruhm kommen könnte, gepaart mit Aufbruchstimmung, Gründermentalität und Zeitdruck ist
geradezu prädestiniert, Flow-Erlebnisse entstehen zu lassen. Gleichzeitig sei aber auch
darauf hingewiesen, daß diese so intensiv und berauschend sein können, daß man
dazu neigt, sich von ihnen überwältigen zu lassen. Man genießt den Rausch der eigenen Endorphine und verdrängt die Warnzeichen des analytischen Sachverstandes.
Dies kann soweit gehen, daß man sich zwar bewußt ist, daß etwas nicht stimmt, aber
dieses euphorische Gefühl nicht loslassen will. Wir sind dann bereit, Verluste zu akzeptieren, nur um unser „gutes Gefühl" aufrechtzuerhalten. Ein Zustand, wie er von
vielen Mitgliedern der New Economy berichtet wurde, selbst als bereits deutlich wur-

de, daß vielen die Pleite bevorstand. Erst wenn es zu spät ist, weil äußere Fakten nicht mehr zu verdrängen sind, werden wir aus diesem Rausch der Leidenschaft gerissen und realisieren schmerzerfüllt die Veränderung der Situation.

Motiviert zu sein ist herrlich, es ist der Ursprung jeglichen kreativen Tuns und jeglichen Fortschritts. Die Ursachen von Motivation sind vielfältig und schwer ergründbar, aber es gilt als nahezu sicher, daß kein sekundärer oder externer Faktor imstande ist, einen Motivationszustand wie den des „Flow" hervorzurufen, wie beispielsweise ein hohes Gehalt oder Vergünstigungen. Kein Start-up-Gründer würde sagen, er arbeite nur um des Geldes willen.

Herzberg (1959) teilt seine Motivationstheorie in zwei unabhängige Faktoren ein, in Motivatoren und Hygienefaktoren. Die Motivatoren (Leistung, Anerkennung, Selbstentfaltung) sind dabei diejenigen, die den Menschen dazu bewegen, etwas zu tun. Die Hygienefaktoren (Status, kollegiale Beziehungen, Verwaltung) sind diejenigen, die vorhanden sein müssen, um die Menschen nicht daran zu hindern, etwas zu tun. Das Fehlen von Hygienefaktoren führt zu Arbeitsunzufriedenheit, ihr Vorhandensein aber noch nicht zu Zufriedenheit. Dazu müssen die Motivatoren genügend stark ausgeprägt sein. Wie in Abb. 21 deutlich wird, ist der Faktor Lohn (Mindestlohn nach Tarif) in beiden Richtungen in etwa gleich wirksam. Den Faktor Gehalt (übertarifliche Entlohnung) sieht er allerdings als Hygienefaktor. Geld ist eine der Voraussetzungen dafür, daß Menschen arbeiten. Es ist aber nicht der Grund dafür, mit höchster Energie an eine Aufgabe heranzugehen.

Nur für Geld und den eigenen Vorteil zu arbeiten ist und macht traurig. Für eine Überzeugung, eine Vision oder für ein Ideal einzutreten läßt Menschen aufblühen und wachsen. Folgende kleine Geschichte soll dies verdeutlichen:

> In einem Steinbruch arbeiten zwei Männer. Der eine ist müde und traurig. Nach seiner Arbeit gefragt, antwortet er, daß er Tag für Tag schwere Steine aus dem Berg schlage. Der andere ist lebensfroh und lächelt und gibt auf die gleiche Frage zur Antwort, er arbeite mit am Bau einer Kathedrale.

In diesem Zusammenhang muß man sich dann auch selbst fragen, wie bedeutend der eigene Persönlichkeitsanteil ist, der auf Geld größten Wert legt. Diese Frage sollten Sie sich selbst beantworten, auch wenn sie unangenehm ist. Je stärker dieser Teil nämlich in uns ausgeprägt ist, desto stärker drängt er den Anteil in uns zurück, der nach freier Entfaltung strebt.

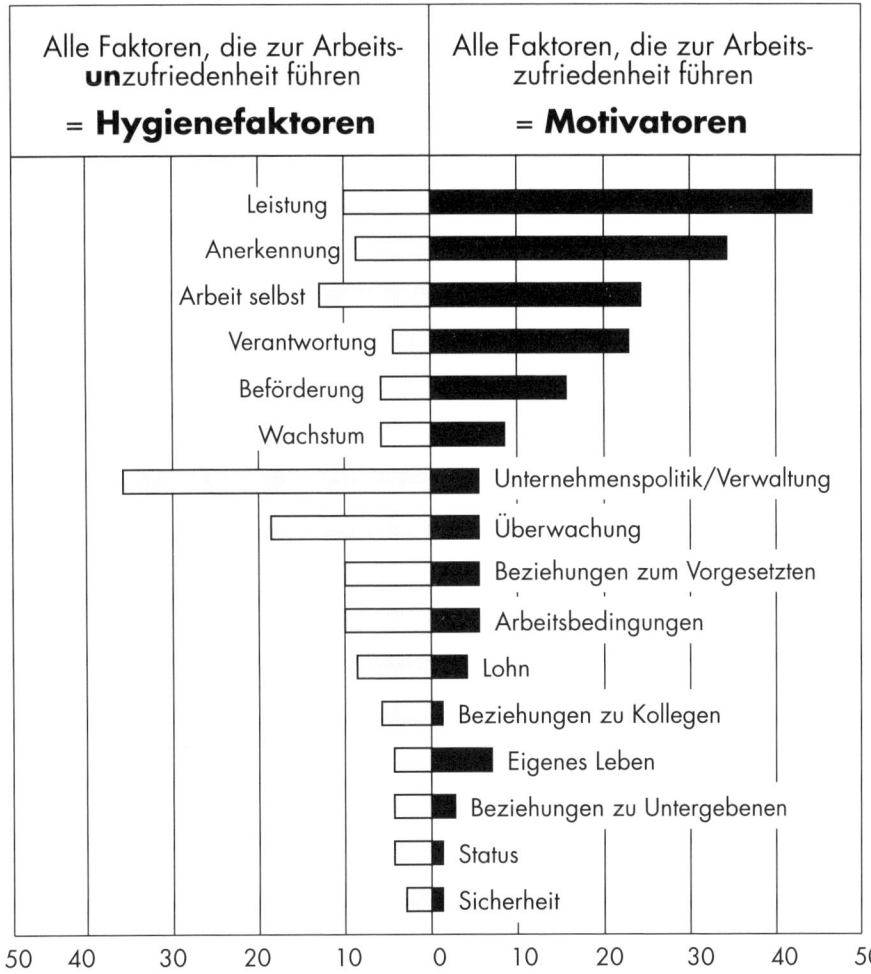

Alle Faktoren, die zur Arbeits-**un**zufriedenheit führen = **Hygienefaktoren**

Alle Faktoren, die zur Arbeits-zufriedenheit führen = **Motivatoren**

Leistung
Anerkennung
Arbeit selbst
Verantwortung
Beförderung
Wachstum
Unternehmenspolitik/Verwaltung
Überwachung
Beziehungen zum Vorgesetzten
Arbeitsbedingungen
Lohn
Beziehungen zu Kollegen
Eigenes Leben
Beziehungen zu Untergebenen
Status
Sicherheit

50 40 30 20 10 0 10 20 30 40 50

Abb. 21: Motivatoren und Hygienefaktoren in den Studien von Herzberg

Nach Aussage von Personalberatern liegt der Grund, warum Gehälter in aller Regel nicht variabel, sondern festgesetzt sind, unter anderem darin, Angestellte davor zu bewahren, durch Geld allein motiviert zu werden. Die Tätigkeit an sich soll im Vordergrund stehen. Das Problem liegt allerdings darin, daß dabei nicht berücksichtigt wird, daß Menschen auf irgendeine Art und Weise wissen wollen, ob sie gut sind oder nicht. *Menschen wollen ein Feedback!* Die Aussage eines Vorgesetzten zählt dabei bei weitem nicht soviel wie das, was eine objektive Meßgröße ausdrücken kann. Geld erscheint als objektiver Maßstab, die Meinung, das Lob oder die Kritik eines Vorgesetzten nicht.

Geld ist ein Faktor von vielen, die uns glücklich machen können. Oft ist es auch nur eine Voraussetzung dafür, daß Glück entsteht. Sich einseitig darauf zu konzentrieren ist jedoch einer der schnellsten Wege, sich unglücklich zu machen. Schuld an der Vernichtung von Motivation in unseren Unternehmen, ist sehr oft die einseitige Ausrichtung auf finanzielle Ziele. Allerdings willigen viele Menschen in genau diesen knebelnden Handel ein, wenn ihnen genügend finanzieller Anreiz geboten wird. Sie prostituieren sich für Geld, mit dem Ziel, dadurch ihren Lebensstandard anzuheben. Ohne gleichzeitig zu realisieren, daß gerade durch diesen Handel ihr Lebensstandard gesenkt wird – durch Freiheitsbeschneidung. Im Tausch Geld gegen Freiheit unterliegen sie der Versuchung, sich zu verkaufen, und zerstören langfristig ihre innere Motivation.

Wie Motivation von anderen zerstört wird

Verhaltensforscher sind sich darin einig, daß jeder Mensch ein natürliches Aktionspotential hat, welches danach strebt, sich zu entfalten. Natürlich variiert dieser Drang, etwas zu wollen, von Mensch zu Mensch sehr stark. Nicht jeder stellt sich gerne einem Leistungsvergleich oder nimmt an Wettkämpfen teil. Viele fühlen sich gerade in solchen Tätigkeitsbereichen wohl, wo Konkurrenzbeziehungen nicht im Vordergrund stehen, wie z.B. im künstlerischen oder kreativen Bereich. Trotz fehlender objektiver Vergleichbarkeit ihrer Arbeit sind diese Menschen dennoch hochmotiviert. Sie haben Spaß daran, zu sehen, wie durch sie etwas entsteht.

Die Schaffenskraft sucht von sich aus nach Betätigung. Wenn sie nicht durch äußere Zwänge beschnitten wird, dann sucht sie sich selbst eine Tätigkeit, ein Thema oder ein Ziel, bei dem sie sich entfalten kann. Am schwersten fällt es Menschen, gar nichts zu tun. Milan Kundera geht in seinem Roman „Die unerträgliche Leichtigkeit des Seins" sehr eindringlich auf dieses Thema ein. Nichts zu tun ist auf Dauer unerträglich langweilig.

Menschen haben von Natur aus den Wunsch, etwas zu gestalten, etwas zu erreichen oder zustande zu bringen. Deshalb ist es um so verwunderlicher und wirklich sehr bedenklich, daß in unseren Unternehmen zunehmend über Mangel an Motivation geklagt wird. Wer klagt, sind vor allem Vorgesetzte, die versuchen, die Motivation ihrer Mitarbeiter in die von ihnen gewünschten Bahnen zu lenken. Sie bedenken dabei nicht, daß gerade dieses Lenken – genaugenommen eine Form von Manipulation – die Motivation ihrer Mitarbeiter zerstört. Das Problem dabei ist nicht, daß ein Mitarbeiter von vornherein unmotiviert ist, sondern daß er es erst dadurch wird, daß er zum Befehlsempfänger degradiert wird. Wenn sein natürlicher Impuls nicht die Richtung hat, die sein Vorgesetzter haben will, und wenn dieser ihn durch Anwendung von Druck dazu zwingen will, die Richtung zu ändern, wird seine innere Motivation automatisch verringert.

Es ist von entscheidender Bedeutung, sich klarzumachen, daß jeder Mensch so etwas wie einen natürlichen Impuls besitzt. Dieser besteht aus der Summe der Gewohnheiten, die im Laufe seines Lebens entstanden sind. Jeder Mensch hat so etwas wie ein natürliches Drehmoment, das eine bestimmte Geschwindigkeit aufweist. Je älter ein Mensch ist, desto schwieriger ist es, die Richtung oder die Geschwindigkeit dieses Drehmoments zu verändern, d.h. um so schwieriger wird es für ihn, sich für neue oder andere Inhalte zu motivieren. Unsere Motivation ist sehr stark von unseren Gewohnheiten geprägt. Wenn wir mehrere Jahre eine bestimmte Tätigkeit ausgeübt haben, dann entsteht in uns ein Gefühl der Befriedigung allein dadurch, daß wir dieser Tätigkeit nachgehen. Und es entsteht zunächst ein Gefühl der Unsicherheit oder des Unwohlseins, wenn wir von dieser gewohnten Tätigkeit abweichen. Aussagen wie: „Das haben wir noch nie so gemacht" oder: „Das haben wir schon immer so gemacht" sind Standardreaktionen von Menschen, die mit Neuem oder Ungewohntem konfrontiert werden. Nicht umsonst sagt man: „Gewohnheit ist der stärkste Klebstoff" und: „Loslassen ist die schwerste Lektion im Leben". Wer in unterschiedlichen Unternehmen oder im selben Unternehmen mit verschiedenen Vorgesetzten gearbeitet hat, der weiß, wie einschneidend solche Gewohnheitsveränderungen sein können.

Ein Teil des „Praxisschocks" von Studenten, die nach ihrem Studium zu arbeiten beginnen, besteht darin, daß sie die Gewohnheit des täglichen geistigen Lernens aufgeben müssen und gezwungen sind, relativ gleichförmigen und inhaltlich begrenzten Arbeiten nachzugehen. Gleichzeitig müssen sie die Gewohnheit aufgeben, selbst zu entscheiden, was wichtig ist und was nicht, weil das nun ihr Vorgesetzter tut. Ihre Gewohnheiten verlangen von ihnen anderes als ihr Arbeitsplatz. Auch wenn sie sich während des Studiums danach sehnen, daß endlich Schluß wäre mit dem quälenden Lernen, verspüren sie plötzlich eine gewisse Sehnsucht nach dieser Zeit und eine gewisse Motivation, wieder etwas zu lernen. Ihre Gewohnheiten wirken nach. Für einen Vorgesetzten ist es deshalb wichtig, zu erkennen, in welchem Drehmoment von Gewohnheiten sich ein Mitarbeiter befindet, um zu wissen, wofür er motiviert ist und Höchstleistung bringen kann und wo nicht. Nur so kann es ihm gelingen, jeden bestmöglich einzusetzen.

Zweifellos ist es die Aufgabe eines Vorgesetzten, darauf zu achten, daß möglichst effektiv und schnell die bestehende Arbeitslast verteilt und bewältigt wird. Leider unterliegen zu viele der Versuchung, dies über Positionsmacht zu steuern und pauschal Anweisungen zu geben, mit der unausgesprochenen Androhung von Konsequenzen, wenn es nicht zu ihrer Zufriedenheit erledigt wird. Dies ist zunächst der einfachste und auch schnellste Weg, dafür zu sorgen, daß so gearbeitet wird, wie man sich das als Chef vorstellt. Man sagt jedem Mitarbeiter, was er zu tun hat, und kontrolliert, ob dies auch erledigt wird. Kurzfristig geht das gut. Zumindest, wenn die Mitarbeiter nicht wagen, sich zu wehren, weil sie um ihre nächste Gehaltserhöhung, eine anstehende Beförderung oder ihren Arbeitsplatz fürchten. Mitarbeiter, die existentielle Angst vor negativen Konsequenzen haben, wenn sie nicht das tun, was ihr Chef sagt, machen fast alles mit.

Aber klar ist, daß in so einem Klima keine Motivation, keine hohe Produktivität, kein Arbeitsspaß, keine Kreativität und schon gar keine herausragenden Ergebnisse zu erwarten sind. Mit der Zeit läßt die Motivation der Mitarbeiter nach. Immer mehr bekommen sie das Gefühl, daß sie nur dazu da sind, die Probleme des Vorgesetzten zu lösen, und daß sie diejenigen sind, die die Arbeit erledigen, die der Vorgesetzte lediglich verteilt. Das Gefühl zu haben, Handlanger eines anderen zu sein, ist keine Basis, um Motivation zu entfalten. Erich Fromm (1976) schreibt: „Wenn das Leben keine Vision hat, nach der man sich sehnt, die man verwirklichen möchte, dann gibt es auch kein Motiv, sich anzustrengen."

Der Vorgesetzte wiederum wird immer stärker in die Rolle eines Aufsehers und Antreibers gedrängt, der nur Arbeit zuteilt und bestraft, wenn etwas schiefgeht. In dieser Situation verlieren beide Seiten an Motivation: Der Vorgesetzte, weil er ständig gezwungen ist anzutreiben und befürchten muß, daß ohne seine Anwesenheit nicht gearbeitet wird. Und die Mitarbeiter, weil sie zu Arbeitsautomaten degradiert und gedemütigt werden.

Wer Motivation steuern will, erreicht in aller Regel, daß sie gebremst wird. Kein Mensch will sich für die Ziele eines anderen instrumentalisieren lassen. Dies geht gegen die Würde, die Selbstachtung und den Respekt eines freien Menschen. Aber nur als solcher kann man Arbeitsmotivation entfalten. Darin bestand auch einer der Gründe für die wirtschaftliche Überlegenheit der in freier Marktwirtschaft lebenden westlichen Staaten gegenüber den zentral gelenkten kommunistischen Staaten. In Freiheit seine eigenen Vorstellungen und Wünsche realisieren zu können, läßt Motivation entstehen – nicht, durch äußere Zwänge zu etwas gezwungen zu sein.

Der einzige Weg, diesem Motivationskiller zu entgehen, besteht darin, von Anfang an gegenseitige Vereinbarungen zu treffen, den beide Parteien vorbehalts- und rückhaltlos zustimmen. Viel zu wenige Führungskräfte nehmen sich die Zeit, sich in regelmäßigen Abständen mit ihren Mitarbeitern zusammenzusetzen, um sie nach ihren Arbeitsvorstellungen zu befragen. Zu wenige fragen, ob es Hindernisse gibt, die der Motivation ihrer Mitarbeiter im Wege stehen und bei deren Beseitigung sie behilflich sein können, weil sie instinktiv ahnen und befürchten, daß sie selbst zum großen Teil dafür verantwortlich sind.

Problematisch an dieser Vorgehensweise ist für den Vorgesetzten außerdem, daß er auf einen Teil seiner Macht verzichten und dem Mitarbeiter mehr Freiheit zugestehen muß. Kurzfristig ist zu befürchten, daß der Mitarbeiter dies ausnützt. In diesem Fall kann es wahrscheinlich werden, daß man sich von dem betreffenden Mitarbeiter sogar trennen muß. Aber langfristig bleiben die Mitarbeiter erhalten, die mit dieser Freiheit umgehen können und die Eigenverantwortung einer Fremdsteuerung und Kontrolle vorziehen. Nur in einem solchen Klima kann sich natürliche Motivation frei entfalten. Langfristig ist ein solches Klima wesentlich produktiver und effektiver als ein Klima der Angst und Kontrolle. Probleme könnte es dabei vielleicht mit unqualifizierten und unsicheren Mitarbeitern geben, wobei jedoch zu bedenken ist, daß mit dem Grad der Unsicherheit auch der Wunsch nach Anleitung und Unterstützung wächst. Dies wiederum gibt dem Vorgesetzten die Möglichkeit, stärker auf seine Mitarbeiter einzuwirken, ohne deren Motivation zu vermindern. Im Gegenteil: Wenn ein Mitarbeiter sehr unsicher ist, dann wächst die Motivation, wenn er vom Vorgesetzten entsprechend geführt und angewiesen wird. Er will wissen, ob er die Dinge richtig gemacht hat. In diesem Fall ist der Wunsch nach dem Feedback des Vorgesetzten meist stärker als der Wunsch nach Selbstentfaltung. Aber Grundlage sind immer gemeinsame Vereinbarungen, bei denen beide Parteien ihre Vorstellungen einbringen können und deren Konsequenzen sie genau kennen. Diese Vereinbarungen sind dann motivations- und gleichzeitig produktivitätsfördernd, wenn sie sowohl den Zielen und Werten des Unternehmens wie auch denen des Mitarbeiters entsprechen. Nur wenn dies gegeben ist, kann ein Mensch egoistisch handeln und gleichzeitig dem Unternehmen dienen. Egoistisch zu handeln und auf den eigenen Vorteil zu achten liegt in der Natur des Menschen. Menschen sind egoistisch!

Nur wenn man sich dessen bewußt ist, kann man als Führungskraft die Motivation seiner Mitarbeiter und seine eigene achten und sozial kompetent damit umgehen.

Was sind die Voraussetzungen für Entfaltung von Motivation?

Die Voraussetzungen dafür, daß Menschen motiviert an ihre Arbeit gehen, sind nach Hackman und Oldham (1980) im wesentlichen die folgenden:

1. der Sinn, den wir in einer bestimmten Arbeit sehen,
2. die Rückkopplung, die wir durch diese Arbeit bekommen, und
3. der Handlungsspielraum, den wir haben, um unsere Arbeit zu erledigen.

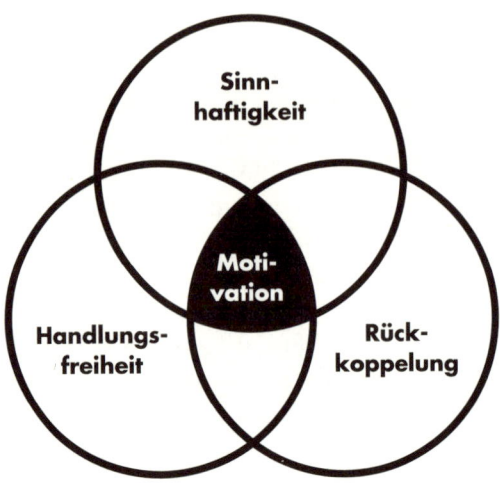

Abb. 22: Die Vorraussetzungen für Motivation nach Hackman & Oldham

Wenn wir keinen Sinn in unserer Arbeit sehen – wieso sollten wir uns dann anzustrengen? Wenn wir keine Wünsche, keine Sehnsüchte in uns tragen, die wir durch unsere Arbeit befriedigen können, dann macht es auch keinen Sinn, sich zu engagieren. Wir wollen die Bedeutung unserer Tätigkeit in einem Gesamtzusammenhang sehen können, sonst wird sie zur sinnlosen Sisyphusarbeit.

Ein Mangel an Rückkopplung läßt Menschen abstumpfen und demotiviert sie. *Wer für seine Arbeit weder Lob noch Kritik erntet, dem wird sie egal.* Er erkennt keinen Unterschied mehr, ob er etwas gut oder schlecht gemacht hat, weil es keine Rolle spielt. Menschen sind im Sport meist so hochmotiviert, weil sie dabei unmittelbar erfahren können, ob sie etwas gut oder schlecht machen. Leider ist in vielen Unternehmen weder Lob noch Kritik weit verbreitet. Ein grauer Schleier des Schweigens verdeckt den Zusammenhang zwischen erbrachter Arbeit und dem Wert einer Leistung.

Es ist wie kegeln, ohne die Kegel sehen zu können. Stellen Sie sich vor, Sie würden auf einer Kegelbahn stehen, in deren Mitte ein Tuch hängt, das Ihnen den Blick auf die Kegel verdeckt. Sie würden protestieren, weil Sie so keinen Spaß am Kegeln hätten. Aber bei ihrer Arbeit protestieren die meisten nicht. Sie schieben eine Kugel nach der anderen in die Richtung, in der sie die Kegel vermuten. Solange ihr Chef nichts Negatives sagt, machen sie weiter, schließlich werden sie dafür bezahlt. Es ist aber unvergleichlich mehr motivierend, selbst zu sehen, wie die Kegel fallen, anstatt vom Chef gesagt zu bekommen, daß Sie sieben getroffen haben. (Wobei die meisten Chefs nicht sagen, daß Sie sieben getroffen haben, sondern daß Sie zwei verpaßt haben!) Viele Unternehmen könnten wesentlich effektiver arbeiten, wenn die Arbeit so strukturiert wäre, daß die Mitarbeiter Feedback über ihre Tätigkeit erhalten.

Handlungsspielräume sind wichtig, damit die Mitarbeiter ihre eigene Arbeitsweise entwickeln können. Wenn wir alles vorgeschrieben bekommen, dann werden wir „trotzig" und übernehmen irgendwann keine Verantwortung mehr für unsere Arbeit. Wenn mir mein Chef alles bis in kleinste Detail vorschreibt, dann tue ich zwar, was er sagt, aber mehr und mehr mit der Einstellung: Er wird schon sehen, was er davon hat. Dieses Phänomen wird ausführlicher im Anschluß zum Thema Reaktanz besprochen.

Zur sozialen Kompetenz eines Vorgesetzten gehört es, zu erkennen, in welchem Maße diese drei Voraussetzungen erfüllt sind. Ist dies nicht in ausreichendem Maße der Fall, dann geschieht es, daß Menschen, die einmal höchst motiviert frühmorgens aufgestanden sind, um mit Freude an ihre Arbeit zu gehen, eines Tages am liebsten gar nicht mehr aufstehen würden, weil sie kaum noch die Kraft haben, sich durch den Tag zu quälen. Das liegt nicht daran, daß ursprünglich keine Motivation vorhanden war. Ich behaupte sogar, daß jeder Mensch, der eine neue Tätigkeit oder Arbeitsstelle beginnt, zunächst hochmotiviert ist, seine Aufgaben gut zu machen. Die schwierige Frage ist, wie sich diese Motivation aufrechterhalten läßt. Eine erste Antwort liegt darin, daß Motivation nicht einfach so verschwindet, sondern durch „Motivationskiller", wie oben dargestellt, nach und nach getötet wird. Jedoch reagieren Menschen sehr unterschiedlich auf solche „Motivationskiller". Um diesen ungewöhnlichen Ansatz besser verstehen zu können und zu erkennen, weshalb Menschen auf ähnliche Gegebenheiten so unterschiedlich reagieren, sollen im Anschluß verschiedene Erkenntnisse bezüglich Gegenreaktionen (Reaktanz) beleuchtet werden.

Zusammenfassung:
→ Motiviert zu sein macht Spaß.
→ Zur sozialen Kompetenz gehört die Fähigkeit, zu erkennen, welche Motive andere bewegen.
→ Es gibt nicht den Beruf, für den jeder motiviert ist. Jeder muß selbst herausfinden, wofür er aufgrund seiner Natur Motivation entwickeln kann.
→ Das Geringschätzen ihrer eigenen Gefühle ist die Ursache dafür, daß Menschen ihre Träume verlieren und sich demotivieren lassen.
→ Man kann Menschen nicht motivieren, sondern nur Motive anbieten. Ob daraus Motivation wird, entscheidet die Reaktion ihrer Gefühle.
→ Menschen haben ein natürliches Aktionspotential, das danach strebt, sich zu entfalten. Sie sind motiviert; man sollte damit aufhören sie zu demotivieren.
→ Im Tausch Geld gegen Freiheit zerbricht Motivation.
→ Der wahre Lohn unserer Arbeit liegt nicht in dem, was wir dafür bekommen, sondern darin, was wir durch unsere Arbeit werden.
→ Im Gleichgewichtszustand von Anforderung und Fähigkeit liegt das Glücksgefühl des Flow – pure Motivation.

→ Zur Entfaltung von Motivation, müssen wenigstens drei Voraussetzungen erfüllt sein: Sinnhaftigkeit, Rückkopplung und Handlungsfreiraum.

→ Soziale Kompetenz beweist, wer die Rahmenbedingungen so zu schaffen versteht, daß die Mitarbeiter motiviert arbeiten.

→ Andere zu demotivieren ist ein Zeichen für soziale Inkompetenz.

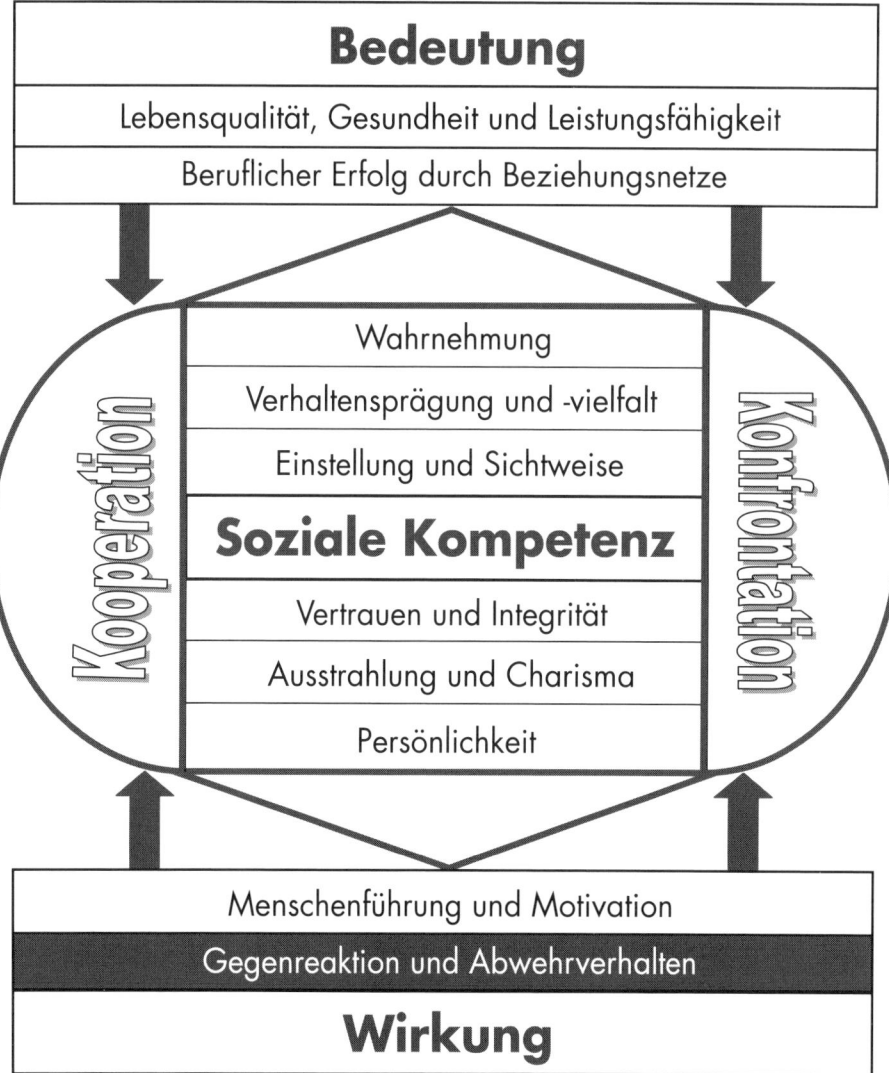

4.2. Gegenreaktionen und Abwehrverhalten – „Freiheit als Motiv"

„Menschen unterstützen nur das, woran sie selbst beteiligt sind.
Jede Veränderung erzeugt Widerstand, selbst eine Veränderung zum Guten."
– Prof. Hermann Simon

Die Freiheit einer Person besteht darin, daß sie selbst entscheiden kann, ob, wann, wo und wie sie etwas tut. Wird diese Freiheit bedroht, so baut diese Person Reaktanz auf, ein Gefühl, das auf die Wiederherstellung der Freiheit gerichtet ist. Reaktanz ist in etwa gleichbedeutend mit „Gegenreaktion" oder „Trotzreaktion". Man tut etwas gerade deshalb, weil ein anderer sagt, man solle es nicht tun. Es gefällt uns nicht, wenn sich ein anderer herausnimmt, uns Anweisungen zu geben. In uns baut sich ein Widerstand auf, und wir würden am liebsten das Gegenteil tun.

So ist es gerade in der Mitarbeiterführung besonders schwierig, Reaktanz zu vermeiden. Für einen Mitarbeiter oder Kollegen muß erkennbar sein, daß eine gegebene Anweisung nicht einem Machtbedürfnis des Vorgesetzten entspringt, sondern eine notwendige Handlung zur Erreichung der gemeinsamen Ziele darstellt. Hat der Mitarbeiter das Gefühl, der Vorgesetzte will nur jemanden kommandieren, dann wird er nicht mit Begeisterung, sondern mit Zurückhaltung reagieren.

Reaktanz ist es, die in einem Mitarbeiter Demotivation auslöst, wenn ein allzu strenger Vorgesetzter fordert, seine Mitarbeiter sollen die Arbeit so erledigen, wie er es ihnen sagt. Die meisten Menschen haben nun einmal einen höheren Anspruch an ihr Leben, als das zu tun, was ein anderer ihnen aufträgt. Sie fühlen sich als Marionette behandelt und reagieren auf eine solche Herabwürdigung mit Ablehnung.

Vor allem für den Vorgesetzten ist dies meist nicht so leicht zu erkennen. Er geht davon aus, daß die Anweisung, die er gegeben hat, sachlich richtig ist. Dementsprechend sind die Mitarbeiter, die sich dagegen sträuben, in seinen Augen entweder uneinsichtig, unfähig oder faul. Zum Beispiel drängt ein Vorgesetzter darauf, daß eine bestimmte Auswertung noch vor dem Wochenende gemacht werden muß, weil sonst eine Kettenreaktion an Verzögerungen eintritt, die einen Umsatzrückgang zur Folge hat. Dem Mitarbeiter, der dafür zuständig ist, kommt dies gar nicht gelegen, da er am Freitag früher nach Hause wollte. Nimmt sich der Vorgesetzte nun aber nicht die Zeit, dem Mitarbeiter zu erklären, warum es so wichtig ist, daß dieser Bericht fertig wird, sondern gibt die Anweisung zur Fertigstellung ohne eine weitere Erklärung, dann löst er Reaktanz aus. Gerade solche Vorgesetzte haben oft das Gefühl, immer diejenigen zu sein, die den Laden anschieben müssen, oder ständig gegen eine emotionale Wand anzurennen. Vorgesetzte, die Sinnzusammenhänge nicht weitergeben, schaffen ein Arbeitsklima der Demotivation. Wenn sie nicht da sind, dann läuft nichts. Die Leute machen nichts von selbst, und dementsprechend müssen sie kontrolliert werden. Diese Vorgesetzten sehen aber nicht, daß gerade ihr Verhalten zu solchen „Verweigerungsreaktionen" der Mitarbeiter führt. In diesem Fall handelt es sich um eine sich selbst erfüllende Prophezeiung: Der Vorgesetzte ist der Meinung, Mitarbeiter seien faul, müßten angeschoben und kontrolliert werden, und verhält sich dementsprechend autoritär. Dies wiederum führt über den Weg der Reaktanz zu genau diesem arbeitsverweigernden Verhalten der Mitarbeiter. Ein für alle frustrierender Kreislauf beginnt. Erinnern Sie sich an das Beispiel mit dem Hammer zur Verdeutlichung von sich selbst erfüllenden Prophezeiungen (Kapitel 2.1). Hier ist der gleiche Teufelskreis am Werke.

Anders ein Vorgesetzter, der aus eigener Erfahrung weiß, wie gerne Menschen sich Herausforderungen stellen und sich bewähren wollen. Menschen, die Lust haben, anzupacken, und die nur dann mit Arbeitsverweigerung reagieren, wenn man sie zu etwas zwingen will, ihnen Informationen vorenthält oder versucht, sie zu instrumentalisieren.

Da ein Vorgesetzter aufgrund seiner hierarchischen Position eine gewisse Macht über seine Mitarbeiter hat, liegt das eigentliche Problem für ihn darin, daß Reaktanz nicht offen zum Ausdruck gebracht wird, sondern sich meist in einem verdeckten Verhalten zeigt, da offener Widerstand von seiten der Mitarbeiter allzu leicht durch die hierarchische Positionsmacht des Vorgesetzten abgeschmettert werden könnte. Der einfachere Weg ist deshalb, als Mitarbeiter sein „Engagement" etwas im Zaum zu halten (die Auswertung also unvollständig, in schlechter Form oder verspätet abzuliefern). Der Mitarbeiter wehrt sich gegen die Macht seines Chefs, indem er möglichst nicht genau das tut, was vom ihm verlangt wird, oder indem er es etwas langsamer erledigt. Jede Mißachtung der Freiheit eines Mitarbeiters resultiert also in einer gewissen Leistungsverweigerung gegenüber dem Vorgesetzten.

Der Mitarbeiter flüchtet in eine Rolle, in der er der Macht des Chefs nur dann nachgibt, wenn dieser sich entsprechend anstrengt, um ihn zu etwas zu bewegen. Dadurch erklärt sich auch das Gefühl eines Vorgesetzten, es läuft nichts ohne Druck. Gerade dieser Druck aber erzeugt Widerstand und Demotivation. Auf diese Art und Weise zerstört der Vorgesetzte die Motivation seiner Mitarbeiter, obwohl er genau das nicht will. Denn je motivierter seine Mitarbeiter sind, desto stärker könnte er ja davon profitieren. Genau das spüren Mitarbeiter und spielen dieses Spiel nicht mit. Niemand arbeitet gerne für einen anderen und schon gar nicht, wenn der andere Druck macht oder nur Anweisungen, aber keine Informationen gibt.

Aufgrund unseres allgemein relativ hohen Wohlstandes arbeiten Menschen nicht mehr nur, um zu überleben. Sie arbeiten für Ideale, Ideen, Visionen, sich selbst oder im Sinne einer Gemeinschaft, aber nicht für einzelne Menschen und immer weniger für ihren Chef. Der Befehl: „Alle Mann an die Ruder, der Chef will Wasserski fahren!" funktioniert heute nicht mehr. Diese Art von Ehrfurcht vor einem Vorgesetzten gehört längst der Vergangenheit an, ebenso wie der Glaube, Motivation lasse sich für Geld kaufen. Natürlich gibt es Ausnahmen, aber sie sind eben genau dies, nämlich Ausnahmen.

Die Frage, die sich also stellt, ist, wie man Mitarbeiter oder Kollegen motivieren kann. Die Antwort lautet: Gar nicht! Mitarbeiter sind motiviert. Man muß nur aufhören, sie zu demotivieren. Wenn ein Mitarbeiter von vornherein keinerlei Motivation für seinen Job verspürt, dann sollte er sich Gedanken machen, ob er den richtigen Job hat. Ich behaupte, daß es auf dieser Welt für jeden Menschen einen Job gibt, für den er Motivation verspüren kann. So unterschiedlich wie die Wahrnehmung, so unterschiedlich ist die Motivation. Es gibt nicht *den* Job, für den jeder motiviert ist. Was den einen mit Leidenschaft und Stolz erfüllt, erscheint einem anderen minderwertig oder unter seiner Würde.

Alles, was ein Vorgesetzter tun kann, ist, mit Engagement und Leidenschaft Zielen nachzugehen, in denen er selbst Sinn sieht und für die er selbst motiviert ist. Wem es als Vorgesetzten gelingt, diesen Sinn anderen zu vermitteln, dem wird es auch gelingen, seine eigene Begeisterung auf andere zu übertragen.

„Wenn du ein Schiff bauen willst, so trommle nicht Leute zusammen, um Holz zu sammeln, sondern wecke in ihnen die Sehnsucht nach dem weiten Meer" – so brachte der französische Schriftsteller und Philosoph Antoine de Saint-Exupéry diesen Zusammenhang auf den Punkt.

Wer keine Begeisterung für seine Ziele in sich trägt und nur wenig Sinn in seiner Tätigkeit sieht, der braucht gar nicht erst zu versuchen, andere zu begeistern, denn es wird ihm nicht gelingen. Nur wer selbst Lust an seiner Tätigkeit verspürt, hat berechtigten Grund zur Hoffnung, daß andere sich davon anstecken lassen und motiviert sind, ihm beim Erreichen seiner Ziele zu helfen oder ihm auf seinem Weg folgen.

Exkurs: Bedeutung von Reaktanz bei Verhandlungen und im Verkauf

Reaktanz ist ein menschliches Phänomen, das in nahezu allen sozialen Situationen zur Wirkung kommt. Besonders wichtig ist es in Verhandlungssituationen oder beispielsweise im Verkauf. Hier hat der Verkäufer keine hierarchische Macht über den Kunden. Er muß also um so mehr darauf achten, was den Kunden bewegt und wie er diesem seine Begeisterung nahebringen kann. Gerade sehr ehrgeizige Verkäufer treten

Kunden gegenüber oft zu dominant auf und verhindern dadurch unbewußt ihren eigenen Erfolg. Sie erscheinen dem Kunden als aufdringlich und wecken so in ihm Reaktanz.

Je stärker ein Verkäufer versucht, einem Kunden ein bestimmtes Produkt zu verkaufen, desto mehr fühlt sich der Kunde in seiner Entscheidungsfreiheit eingeschränkt. Er fühlt sich überrumpelt und hat das Bedürfnis, diese Freiheit wiederherzustellen. Dies erreicht er oft durch eine ausweichende Verhaltensweise: Entweder er lehnt einfach ab, oder er findet plötzlich die andere, „bedrohte" Alternative, also das Produkt, das der Verkäufer nicht empfohlen hat, viel interessanter. Oder er unterstellt dem Verkäufer, daß dieser nur das Produkt mit der höchsten Provision verkaufen will und alles andere gar nicht empfiehlt. Der Anfang eines unendlichen Katz-und-Maus-Spiels beginnt. Meist sehr zum Leidwesen des Verkäufers. Es entsteht sozusagen ein Bumerang-Effekt durch die „Trotzhaltung" des Kunden, die der Verkäufer selbst erzeugt hat. Der Kunde denkt beispielsweise so: Ich ändere meine Einstellung und rede dagegen, wenn jemand versucht, mir seine Meinung aufzuzwingen. Schon aus Prinzip bin ich dagegen.

Wir alle haben dies schon einmal in Diskussionsrunden erlebt, wenn jemand gegen eine bestimmte Meinung redet, nur um dagegen zu sein. Der Kunde zeigt sich selbst dadurch seine Unabhängigkeit bzw. Entscheidungsfreiheit. Das Gefühl der Entscheidungsfreiheit ist ein sehr bedeutendes und tiefverwurzeltes menschliches Gefühl, das man nicht unterschätzen sollte, auch dann nicht, wenn es nicht deutlich zutage tritt. Reaktanz entsteht aus eingeschränkter Entscheidungsfreiheit und zu geringem Handlungsspielraum.

So wie das Phänomen der Reaktanz gegen den Verkäufer wirken kann, so kann es auch für ihn arbeiten, wenn er lernt, bewußt damit umzugehen. In Verkäuferkreisen wird diese Strategie als „Storno-Methode" bezeichnet. Anstatt zu stark auf den Kunden zuzugehen und Gefahr zu laufen, in ihm Reaktanz zu wecken, wird hier die Strategie verfolgt, den Kunden durch sehr geringe Verkaufsaktivität neugierig zu machen. Der Kunde soll denken, daß das Angebot so gut ist, daß der Verkäufer sich gar nicht anzustrengen braucht, es zu verkaufen. Er soll den Eindruck bekommen, daß andere da sind, die es dem Verkäufer aus den Händen reißen, wenn er es nicht kauft.

Die einfachste Form dieser Methode sind limitierte Angebote, bei denen der Kunde das Gefühl bekommen soll, sich gleich entscheiden zu müssen, weil später nichts mehr da ist. Sie signalisieren dem Kunden, daß seine Entscheidungsfreiheit nicht grenzenlos ist, sondern daß er auf den Verkäufer angewiesen ist und einen gewissen Preis zahlen muß, wenn er etwas Bestimmtes haben möchte.

Angewandt wird die „Storno-Methode" auch bei sehr schwierigen Kunden, die sich für nichts entscheiden können. Viele Verkäufer verwenden diese Methode, wenn der Kunde schon mehrere Ablehnungen ausgesprochen hat. „Das ist ja doch wieder nichts für Sie!" – in einem leicht ironischen Ton ausgesprochen macht dies den Kunden neugierig. Er bekommt das Gefühl, daß er als jemand wahrgenommen wird, der überdurchschnittlich häufig ablehnt, und möchte dieses Bild von sich korrigieren, da es seiner eigenen Wahrnehmung nicht entspricht. Auf dieser emotionalen Basis läßt sich leicht verkaufen.

Vor allem bei Kindern und Menschen, die sich ausschließlich von ihren Gefühlen leiten lassen, kann man deutlich beobachten, daß sie auf vorgegebene Regeln oder Pflichten trotzig reagieren. Sie wollen sehen, wo die Grenzen sind, und sich selbst ihre Unabhängigkeit beweisen. Es ist ein gutes Gefühl, der Herr in seinem eigenen Territorium zu sein.

Wichtig ist, sich deutlich zu machen, daß Reaktanz meist nicht bewußt ist. Derjenige, der „trotzig" reagiert, macht dies nicht bewußt, sondern wird in der Regel von unbewußten Automatismen geleitet.

Zusammenfassung:
→ Menschen, die andere einschränken oder „gängeln", bewirken in diesen Reaktanz.
→ Reaktanz ist eine Verhaltensweise, die auf die Wiederherstellung von Freiheit (z.B. Entscheidungsfreiheit, Handlungsfreiheit) gerichtet ist.
→ Reaktanz bewirkt Demotivation, Verweigerungshaltung und verdecktes Verhalten. Reaktanz ist meist unbewußt die Ursache für Spannungen zwischen Mitarbeitern und Führungskräften.
→ Zur sozialen Kompetenz gehört die Fähigkeit, Reaktanz zu vermeiden.

Bedeutung

Lebensqualität, Gesundheit und Leistungsfähigkeit

Beruflicher Erfolg durch Beziehungsnetze

Kooperation

Konfrontation

Wahrnehmung

Verhaltensprägung und -vielfalt

Einstellung und Sichtweise

Soziale Kompetenz

Vertrauen und Integrität

Ausstrahlung und Charisma

Persönlichkeit

Menschenführung und Motivation

Gegenreaktion und Abwehrverhalten

Wirkung

4.3. Zusammenfassung und Fazit

Unsere Welt wird komplexer, die Dynamik des Wandels und der Zeitdruck immer größer. In dem Maß, wie Arbeitsteilung und Spezialistentum sich ausbreiten, nimmt die gegenseitige Abhängigkeit der Menschen untereinander zu. Kaum einer kann die Informationsflut und die damit zusammenhängenden Aufgaben unserer Zeit alleine bewältigen. Zeit zum Umdenken für diejenigen, die in dieser veränderten Welt dauerhaft Erfolg haben wollen. Mit Ellenbogen lassen sich keine Lösungen finden; bloße Machtausübung stößt auf Widerstand. Wir sind auf andere angewiesen, und das bedeutet, möglichst geschickt unterschiedliche Fähigkeiten und Sichtweisen zu bündeln, um sie für das gemeinsame Wohl einzusetzen. Möglich ist dies nur, wenn Menschen so zusammenarbeiten, daß Konflikte und Konfrontationen in einem produktiven Rahmen bleiben. Möglich ist dies nur durch die soziale Kompetenz der jeweiligen Führungskräfte und Mitarbeiter. Sie wird immer mehr zu einer Schlüsselqualifikation in dem dynamischen und komplexen Umfeld unserer Zeit.

Unsere soziale Kompetenz ist der Faden, aus dem unsere Beziehungsnetze gewoben sind. Diese sind maßgebend für unseren privaten, wie auch beruflichen Erfolg. Unsere Beziehungen zu anderen Menschen beeinflussen unsere Gesundheit, unsere Leistungsfähigkeit und unsere Lebensqualität. Man trifft sich, man kennt sich, man hilft sich. Wer es nicht schafft, ein Beziehungsnetz aufzubauen, wird es schwerhaben, erfolgreich zu sein. Im Anschluß sollen einige wesentliche Aussagen dieses Buches noch einmal in kurzer Form dargestellt werden.

Jeder Mensch ist der Mittelpunkt seiner Welt, und jeder einzelne nimmt die Welt anders wahr. Wir sehen die Welt durch die Brille unserer Erfahrungen, und nur ein Bruchteil der vorhandenen Informationen gelangt tatsächlich in unser Bewußtsein. Unser Gehirn sorgt durch einen Filterprozeß, der in Millionen von Jahren der Evolution entstanden ist, dafür, daß biologisch wertvolle Informationen Vorrang bekommen und andere selektiert werden. Durch unsere unterschiedliche Wahrnehmung entstehen zahlreiche Potentiale für Konflikte, Konfrontationen und Spannungen. Unsere Art, Probleme zu sehen, ist oft das eigentliche Problem. Unsere Lebensumstände, unser Sein bestimmt unser Bewußtsein und beeinflußt unsere Wahrnehmung. Wahrnehmung bedeutet etwas für wahr zu nehmen. Je nach persönlicher Einstellung nehmen Menschen etwas anderes für wahr. Über unsere Ausstrahlung vermitteln wir anderen, was in uns vorgeht, auch ohne daß wir dies mit Worten beschreiben. Gefühle, Einstellungen und Denkweisen übertragen sich. Unsere intuitive Wahrnehmung ergänzt so unsere sinnliche Wahrnehmung.

Um dem Problem der Wahrnehmungsverzerrung entgegenzuwirken, ist es von entscheidender Bedeutung, unsere eigene Landkarte, sprich unsere Sichtweise der Welt, in Frage stellen zu können und immer wieder an die Realität anzupassen, die in jedem Moment neu entsteht. Nicht aktualisierte Teile unserer Landkarte behindern unsere Weiterentwicklung. Wir können nicht meistern, was wir nicht wirklich verstehen. Um die Welt zu verstehen, müssen wir auf sie zugehen. Mißerfolge bieten uns deshalb immer auch die Möglichkeit, unsere mentale und soziale Landkarte zu überprüfen und zu vervollständigen.

Besonders wichtig ist es, ein gutes Bild davon zu haben, in welcher Situation man sich kooperativ und in welcher man sich konfrontativ verhalten sollte. An Hand der Spieltheorie wurde verdeutlicht, daß es sinnvoll ist, anderen gegenüber erst einmal freundlich gegenüberzutreten, daß es aber auch notwendig ist, konfrontativ reagieren zu können. Als Fazit daraus ergibt sich eine mentale Verhaltens- und Verhandlungsstrategie, die danach strebt, für alle Beteiligten Nutzen bzw. Gewinn zu schaffen oder das jeweilige Angebot abzulehnen bzw. die Interaktion abzubrechen. „Gewinn/Gewinn oder kein Geschäft" lautet das Leitmotiv für Verhandlungen.

Die Grundlage sozialer Kompetenz bildet das vorhandene Vertrauen. Gegenseitiges Vertrauen wird auf einer Art Beziehungskonto verbucht, auf dem Einzahlungen und Abbuchungen erfolgen können. Vertrauen ergibt sich aus einem positiven Bestand des jeweiligen Kontos. Wo Vertrauen herrscht, ist die Kommunikation einfach. Mißtrauen macht Kommunikation schwierig, erzeugt Mißverständnisse und Spannungen. Vertrauen beugt Konflikten vor, und jeder vermiedene Konflikt ist ein gewonnener Konflikt.

Unsere soziale Kompetenz ist eine Folge unserer Sichtweisen und damit unmittelbar mit unserer Persönlichkeit verbunden. Die Persönlichkeit eines Menschen wurde hier beschrieben anhand der Ausprägung der vier Persönlichkeitsimpulse: Bewahrung, Erneuerung, Individualität und Geselligkeit. Deren Ausprägungsstärke und ihr Verhältnis zueinander bestimmen die Grundorientierung eines Menschen. Kein Mensch ist völlig ausgeglichen. Mit jeder Einseitigkeit geht aber ein Überhang an spezifischen Problemen und Ängsten einher, mit denen man konfrontiert wird. Ein Bewahrer wird aufgrund seiner Persönlichkeitsstuktur mit anderen Problemen konfrontiert als ein Erneuerer. Genaugenommen sind die Wünsche des Bewahrers die Ängste des Erneuerers. Wo also der eine scheinbar unüberwindbare Probleme wahrnimmt, sieht der andere freudige Ereignisse oder sogar Chancen. Entsprechend verhält es sich mit einem Individualisten und einem Geselligen.

Persönlichkeit entwickelt sich im Spannungsfeld der eigenen Erfahrungen und in der Konfrontation mit der Vielfalt des Lebens. Nicht nur unangenehme Ereignisse, Probleme, Herausforderungen und Verantwortung formen einen Menschen und seine soziale Kompetenz, sondern auch angenehme Geschehnisse wie Erfolge, Freundschaft, Liebe und vieles mehr. Einseitige Erfahrungen verhindern, daß sich jemand zu einer reifen Persönlichkeit entwickeln kann. Er wird niemals einen weitreichenden Überblick über das Leben bekommen und nicht imstande sein, ein inneres Wertsystem zu entwickeln, das sich gut dazu eignet, die Welt realitätsnah zu beurteilen. Mehr oder weniger führt Einseitigkeit immer zu einer gewissen Weltfremdheit in den vernachlässigten Bereichen. Persönlichkeit entsteht durch die Intensität, Vielfalt und Dauer der eigenen Lebensgeschichte. Jemand, der keine bewegte Lebensgeschichte hat, hatte auch nicht die Möglichkeit, seine Persönlichkeit zu entfalten.

Unabhängig vom äußeren Verhalten merken andere Menschen bereits nach kurzer Zeit, ob sie es mit einer starken oder einer schwachen Person zu tun haben. Dementsprechend werden sie dieser gegenüber auch unterschiedlich reagieren. Egal, wie stark wir selbst sind, wir alle tragen tief in uns eine nie endende Sehnsucht, daß uns jemand dabei hilft, die Last des Lebens zu tragen, daß uns jemand bei schwierigen Entscheidungen mit gutem Rat zur Seite steht und uns sagt, was richtig und gut für uns ist. Wir schließen uns gerne Menschen an, die besser wissen als wir, wie man bestimmte Situationen meistert, und die uns zeigen, wie etwas geht. Gerne sind wir auch bereit, uns solchen Persönlichkeiten in gewissem Maß zu unterordnen, solange wir glauben, daß diese uns wohlgesonnen sind. Diese Sehnsucht entspringt dem Wunsch nach einer fürsorglichen Vaterfigur und ist um so stärker ausgeprägt, je weniger die leiblichen Eltern einer solchen Vorstellung nahekommen. Menschen suchen sich dann „Ersatz". Vorgesetzten und Führungskräften wird diese Rolle gerne zugeschoben. Und viele nehmen diese Verantwortung auch gerne an, da sie ihrem eigenem Ego schmeichelt. Dies ist häufig eine Ursache für Spannungen, weil der Vorgesetzte in eine Rolle gedrängt wird, in der er sich keine Fehler erlauben darf. Da es aber unvermeidbar ist, Fehler zu machen, ist es fast unmöglich, dieser Rolle gerecht zu werden. Besonders problematisch wird es allerdings, wenn die Anerkennung eines Vorgesetzten nicht auf dessen Persönlichkeit, sondern auf dessen Positionsmacht basiert. Wenn die Mitarbeiter spüren, daß der Vorgesetzte selbst unsicher ist, daß es ihm selbst an Erfahrung, Mut und Persönlichkeitsstärke mangelt. Denn einem solchen Menschen ordnet man sich nicht unter. Wenn die formale Hierarchie nicht akzeptabel ist, dann wird sie informell boykottiert. Unausweichlich entstehen somit Spannungen, Konflikte und Probleme. Häufig ist es so, daß Mitarbeiter ihren Arbeitsplatz durchaus schätzen und auch gerne für ihr Unternehmen arbeiten, aber eben nicht für ihren Vorgesetzten. Sie fügen sich bewußt der Situation und entscheiden sich für einen Kompromiß zugunsten eines Verbleibens im Unternehmen. Ihr Unterbewußtsein läßt sich allerdings nicht steuern oder kontrollieren, und so geschieht es, daß sie ungewollt in einen Konflikt nach dem anderen schlittern, ohne es verhindern zu können. Ihr Unterbewußtsein inszeniert Konflikte als Ausweichreaktion für den bewußt geschlossenen Kompromiß. Persönlichkeitsschwache Führungskräfte haben deshalb häufiger mit Autoritätskonflikten zu kämpfen als persönlichkeitsstarke. Es liegt in unserer Natur, Stärkere zu achten und als Vorgesetzte zu akzeptieren, Schwächere nicht.

Deswegen genügt es nicht, über ein hohes Maß an Fachwissen zu verfügen, um als Vorgesetzter anerkannt zu werden. Im Gegenteil, je höher man kommt, desto stärker tritt spezialisiertes Fachwissen in den Hintergrund, und desto mehr sind persönliche und soziale Fähigkeiten gefragt.

Zu Beginn dieses Buches wurde erläutert, daß soziale Kompetenz von zwei Faktoren abhängt. Zum einen, ob man mit anderen gut umgehen will, und zum anderen, ob man es kann. Am Ende des Buches ist deutlich geworden, daß es auf beides ankommt. Es wurde verdeutlicht, daß wir mit den Menschen besonders gut umgehen können, die uns ähnlich sind. Mit diesen Menschen führen wir harmonische Beziehungen und können Konflikten entweder von vornherein aus dem Weg gehen oder können sie im Gespräch relativ leicht lösen. Solche Beziehungen neigen aber leider dazu, allzuschnell alltäglich zu werden. Es mangelt an Unerwartetem und Überraschendem. Man weiß den anderen einzuschätzen und kennt die meisten Reaktionen im voraus. So sehr man Vertrautheit auch schätzt, Harmonie kann auf Dauer auch langweilig werden.

So wächst in uns der Wunsch nach Kontakt mit anders strukturierten Persönlichkeiten. Intuitiv fühlen wir uns von Menschen angezogen, die ihr Leben anders leben als wir, von Menschen, deren Persönlichkeitsstruktur anders geprägt ist als unsere. Wir spüren, daß diese Menschen dort Stärken haben, wo unsere Schwächen sind, und daß wir davon profitieren können. Zwar kann es uns schwerfallen, mit diesen Menschen umzugehen, aber wenn es uns gelingt, dann erleben wir einen faszinierenden Blick in eine andere Welt.

Gerade in Partnerschaften beruht die gegenseitige Anziehung oft auf diesem Phänomen. Im Extremfall entwickeln sich daraus Haßlieben: Beziehungen von Menschen, die einerseits sehr stark voneinander angezogen werden und nicht voneinander loskommen, aber andererseits spüren, wie unterschiedlich sie sind und deshalb mit bestimmten Eigenschaften des anderen nicht umgehen können und diese ablehnen.

Mit anderen sozial kompetent umgehen zu können ist deshalb zwangsläufig von unserem Willen abhängig, da wir langfristig nur lernen, mit denjenigen Menschen umzugehen, denen gegenüber wir aufgeschlossen sind. Mit den Menschen, mit denen wir keinen Umgang pflegen, lernen wir auch nicht, umzugehen. Die Beschränktheit eines „Wollens, ohne zu können" gibt es durchaus, aber ein „Können, ohne zu wollen" gibt es nicht! Sozial kompetentes Verhalten ist von unserem Willen abhängig.

Danksagung

Niemand schreibt ein Buch allein. So ist es auch mit diesem Buch. Ich bin vielen Personen zum Dank verpflichtet. Zunächst all denjenigen, die sich die Mühe gemacht haben, unvollständige und unvollendete Skripten durchzusehen, zu korrigieren und Verbesserungsvorschläge zu machen. Sicher war das erstmalige Lesen meiner bruchstückhaften Manuskripte für die Betreffenden weder geistiger Genuß, noch entspannte Ablenkung, sondern vor allem konzentrierte Arbeit mit dem Rotstift. Besonders erwähnen möchte ich in dieser Hinsicht Ekkehard Schwärzer und Elisabeth Reinhardt. Meinem Seminarpartner Dr. Rainer Funk sowie Oliver Schuhmann, Rainer Beck, Franziska Horstmann, meinem Patenonkel und Namensvetter Herbert Frosch, Herrn Prof. Kühlmann und Matthias Bechtold bin ich dankbar für konzeptionelle Diskussionen und zahlreiche Anregungen.

Danken möchte ich aber auch all denjenigen, die bewußt oder unbewußt zu dem Gedankengut dieses Buches beigetragen haben. Dazu zählen viele der Teilnehmer meiner Seminare, Freunde, Familienmitglieder sowie auch Arbeits- und ehemalige Studienkollegen. Nicht zuletzt danke ich dem Team vom Junfermann Verlag für die Verwirklichung dieses Buches.

Fragen, die man falsch gestellt,
Schafft man nicht mehr aus der Welt;
Man verbringt dann seine Tage
Grübelnd über solcher Frage,
Und man kann's noch Gnade nennen,
Stirbt man, ohne zu erkennen,
Daß man sich umsonst geplagt,
Weil man eben falsch gefragt.
Dann vermacht man – Trost im Sterben! –
Jene Frage seinen Erben.

Fritz Riemann

Literatur

Axelrod, R. (1987). *Die Evolution der Kooperation*. Oldenbourg: München.

Berne, E. (1997). *Spiele der Erwachsenen*. Rowohlt: Reinbek.

Birkenbihl, V.F. (1997). *Psycho-logisch richtig verhandeln*. mvg: München.

Csikszentmihalyi, M. & I. S. (1991). *Die außergewöhnliche Erfahrung im Alltag*. Klett-Cotta: Stuttgart.

Csikszentmihalyi, M. (1992). *Flow, das Geheimnis des Glücks*. Klett-Cotta: Stuttgart.

Cohen, S. & Herbert, T. B. (1996). „Health Psychology. Psychological factors and physical disease from the perspective of human psychoneuroimmunology." *Annual Review of Psychology*, 47, 113-143.

Covey, S.R. (1989). *Die sieben Wege zur Effektivität*. Campus: Frankfurt/Main.

Covey, S.R. (1997). *Der Weg zum Wesentlichen*. Campus: Frankfurt/Main.

Dawkins, R. (1996). *Das egoistische Gen*. Rowohlt: Reinbek.

Dörner, D. (1989). *Die Logik des Mißlingens*. Rowohlt: Reinbek.

Fisher, U., Ury, W., Patton, B. (1996). *Das Harvard-Konzept*. Campus: Frankfurt/Main.

Fromm, E. (1976). *Haben oder Sein*. DVA: Stuttgart.

Glaser, R., Kiecolt-Glaser, J.K., Speicher, C.E., Holliday, J.E. (1985). „Stress, loneliness and changes in herpes virus latency." *Journ. Behav. Med.*, 8, 249-260.

Goleman, D. (1996). *Emotionale Intelligenz*. Hanser: München.

Hackman, J.R. & Oldham, G.R. (1980). *Work redesign*. Addison-Wesley: Reading, Mass.

Harris, T. (1977). *Ich bin o.k., Du bist o.k.* Rowohlt: Reinbek.

Häusel, H.G. (2000). „Das Reptilienhirn lenkt unser Handeln." *Harvard Business Manager,* 2, 9-18.

Herzberg, F., Mausner, B. & Snyderman, B.B. (1959). *The motivation to work.* John Wiley: New York.

Hesse, J., Schrader, C. (1994). *Die Neurosen der Chefs*. Eichborn: Frankfurt/Main.

Irwin, M.R., Daniels, M., Smith, T.L., Bloom, E. u.a. (1987). „Impaired natural killer cell activity during bereavement." *Brain, Behavior and Immunity,* 1 (1), 98-104.

Kastner, M. (1999). *Syn-Egoismus*. Herder: Freiburg.

Kiecolt-Glaser, J.K., Garner, W., Speicher, C., Penn, G.M., Holliday, J., Glaser, R. (1984). „Psychosocial modifiers of immunocompetence in medical students." *Psychosom. Med.*, 46, 7-14.

Mantell, D.M. (1971). „Das Protokoll zur Gewalt in Deutschland – Eine Replikation und Erweiterung des Milgramschen Experiments", in: *Der Nervenarzt*, 42. Jg., Heft 5, S. 252 ff.

Maslow, A.H. (1977). *Motivation und Persönlichkeit*. Walter: Olten.

Maturana, H.R. und Varela, F. (1987). *Der Baum der Erkenntnis. Die biologischen Wurzeln menschlichen Erkennens*. Scherz: München.

Milgram, S. (1974). *Das Milgram-Experiment zur Gehorsamsbereitschaft gegenüber Autorität*. Rowohlt: Reinbeck..

Morris, D. (1968). *Der nackte Affe*. Droemer Knaur: München.

Page, M. (1972). *Managen wie die Wilden*. Econ: Düsseldorf.

Peck, M.S. (1978). *The Road less traveled*. Simon & Schuster: New York.

Riemann, F. (1961). *Grundformen der Angst*. Reinhardt: München.

Riemann, R. und Allgäver, A. (1993). „Eine deutschsprachige Fassung des interpersonal competence questionnaire (ICQ)." *Zeitschrift für Differentielle und Diagnostische Psychologie,* 14, 153-163.

Rosenstiel, L. (1992). *Grundlagen der Organisationspsychologie.* Poeschel: Stuttgart.

Sagan, C. (1978). *Die Drachen von Eden – Das Wunder der menschlichen Intelligenz.* Droemer Knaur: München.

Scherer, K.R. (1988) (Hrsg.). *Facets of emotion. Recent research.* Lawrence Erlbau: Hillsdale, NJ.

Sheldrake, R. (1990). *Das Gedächtnis der Natur.* Piper: München.

Sprenger, R. (1994). *Mythos Motivation.* Campus: Frankfurt am Main.

Toman, W. (1991). *Familienkonstellationen.* Beck: München.

Vester, F. (1975). *Denken, Lernen, Vergessen.* DVA: Stuttgart.

Watzlawick, P. (1981). *Die erfundene Wirklichkeit.* Piper: München.

Watzlawick, P. (1983). *Anleitung zum Unglücklichsein.* Piper: München.

Personen- und Sachwortverzeichnis

Notizen

Notizen

Notizen

Notizen

Notizen